ZUGEWANDT

HEIKE SCHILLER

ZUGEWANDT

NORBERT HUBER – DIREKTOR UND VORSTAND
DER STIFTUNG LIEBENAU 1968–1996

BIOGRAFISCHE BEGEGNUNGEN

LAMBERTUS-VERLAG

„Je schöner und voller die Erinnerung,
desto schwerer die Trennung.
Aber die Dankbarkeit verwandelt die Qual
der Erinnerung in eine stille Freude."

Dietrich Bonhoeffer

Dieses Zitat von
Dietrich Bonhoeffer
(4.2.1906 – 9.4.1945)
stellte Norbert Huber
seiner Abschiedsrede
als Vorstand der Stiftung
Liebenau 1996 voran.

INHALT

VORWORT   8
WORAUF ES ANKOMMT - EIN GELEIT   10

1. „EIGENTLICH WOLLTE ICH ARZT WERDEN"   18
   LEBENSSTATIONEN

2. „MEINE VORSTELLUNGEN WAREN BLANKER UNSINN"   30
   ERSTE EINDRÜCKE UND AUSBLICKE

3. „GEMEINSAM HABEN WIR VIEL ERREICHT"   54
   DER NETZWERKER UND DIE PROFESSIONALITÄT DES LEARNING BY DOING

4. „WIR HABEN VON ANFANG AN BEWUSST AUF QUALIFIKATION GESETZT"   66
   VOM FÖRDERN UND FORDERN

5. „DER MENSCH MIT BEHINDERUNGEN IST MEIN PARTNER"   80
   IN UNSERER MITTE – DER MENSCH

6. „WIR MÜSSEN ALLE ANSTRENGUNGEN AUF UNS NEHMEN, UM GUT ZU SEIN"   90
   DER VORDENKER

7. „DIESEN SPAGAT HABE ICH PRAGMATISCH BEWÄLTIGT"   102
   DER MANAGER UND SEELSORGER

8. „ES GAB SO VIELE ORIGINALE BEI UNS!"   114
   VON DER WÜRDE DES ALTERS

9. RITUALE AM ENDE DES LEBENS   128
   STERBEN, TRAUER UND ABSCHIED

NACHWORT - NORBERT HUBER   136
ANMERKUNGEN   142
LITERATUR   144
BILDNACHWEISE   147
IMPRESSUM   148

Norbert Huber
Abendlicher Spaziergang

VORWORT

Monsignore Dr. h.c. Norbert Huber steht für den Wandel. In einer Zeit großer gesellschaftlicher Veränderungen übernahm er im Jahr 1968 die Leitung der Stiftung Liebenau und begann mit einem fachlichen Umbau, der nicht an den Grenzen der damaligen „Anstalt" haltmachte, sondern sich auf die fachliche Entwicklung der Hilfen für Menschen mit Behinderung insgesamt auswirkte und wesentlich zur Professionalisierung der sozialen Berufe beigetragen hat. Der von ihm initiierte Umbau der „Anstalt" Liebenau zu einem modernen Sozialunternehmen wurde Vorbild für viele andere Sozialträger.

Vielen Menschen in Liebenau hat Norbert Huber ein Zuhause geschaffen, das ihnen Schutz und Sicherheit bot und ihnen eine individuelle Entwicklung ermöglichte. Heute, 20 Jahre nach seinem Ausscheiden, hat sich vieles in der Hilfe für Menschen mit Behinderung weiterentwickelt. Wir streben nach Inklusion, nach Dezentralisierung sozialer Hilfen, verstehen uns als Begleiter in bestimmten Lebensphasen, in denen wir passgenaue Hilfe leisten, ambulant, stationär oder teilstationär. Und doch haben wir von Norbert Huber etwas übernommen, was unser Handeln – unabhängig von Mode und Zeitgeist – bis heute leitet. Es ist die Haltung gegenüber den Menschen, ob Bewohner, Angehörige oder Mitarbeiter. „In unserer Mitte – Der Mensch": Das Leitwort der Stiftung Liebenau trägt Norbert Hubers Handschrift und ist bis heute Grundlage unserer Arbeit, unseres Verständnisses sozialer Arbeit aus christlicher Motivation.

Dieses Buch handelt von Norbert Huber und von der Stiftung Liebenau. Und doch ist es weder Biografie noch Unternehmensgeschichte. Die Autorin Heike Schiller zeichnet vielmehr die Entwicklung der Hilfen für Menschen mit Behinderung nach, in einer Zeit, in der wesentliche Grundlagen gelegt wurden für unser professionelles Handeln heute. Dabei ist es ihr gelungen, über alle Fachlichkeit hinaus den Blick zu öffnen für den Menschen Norbert Huber. Dafür gilt ihr unser besonderer Dank.

Prälat Michael H. F. Brock, Dr. Berthold Broll, Dr. Markus Nachbaur
Vorstand der Stiftung Liebenau

WORAUF ES ANKOMMT – FÜR NORBERT HUBER ZUM 90. GEBURTSTAG
EIN GELEIT

Bis in die Moderne hinein wurden sie auf Jahrmärkten als Sensationen ausgerufen und ausgestellt, die Menschen mit körperlichen und geistigen Behinderungen, mit ihrer Kleinwüchsigkeit, ihren zu großen Köpfen, dem irren Blick. Sie zu sehen, sich an ihnen zu ergötzen, sich zu ekeln, sich über sie zu amüsieren oder sich abzuwenden und sie mit Grimassen zu erschrecken, dafür bezahlten die anderen, die Normalen Eintrittsgeld. Hier durften die Kinder, denen man sonst einen Stock zwischen die Schultern klemmte, auf dass sie gerade sitzen mögen bei Tisch und schweigen, wenn Erwachsene sprechen, hier durften sie ihren Gefühlen ohne Einschränkung Ausdruck verleihen. Eltern und Kinder verließen die Orte des animierten Grusels mit der Gewissheit, gesund, wohlgeraten und in ordentlichen Verhältnissen zu leben. Zurück ließen sie Menschen, die recht- und wehrlos waren und nicht in der Lage, auch nur einmal an ein anderes Leben als dieses zu denken. Sie starben oft jung und elend. Nachschub gab es genug.

Den vielen, die unsichtbar blieben, gaben Menschen wie Kaplan Adolf Aich und engagierte Tettnanger Bürger eine Heimat. Sie beschlossen, eine Anstalt für „Unheilbare" aufzubauen. Adolf Aich reiste als früher Fundraiser durch die Lande, um Gelder einzusammeln, damit der geschützte Raum für die Bedürftigen auch finanzierbar wurde und blieb. Am 15. Oktober 1870 konnte er das Schloss Liebenau kaufen und dieses mit einigen „Pfleglingen" und sechs Barmherzigen Schwestern beziehen. 1873 wurde die Stiftung Liebenau rechtlich errichtet. Ihr Zweck wird im Paragraf 2 der Gründungsstatuten beschrieben.

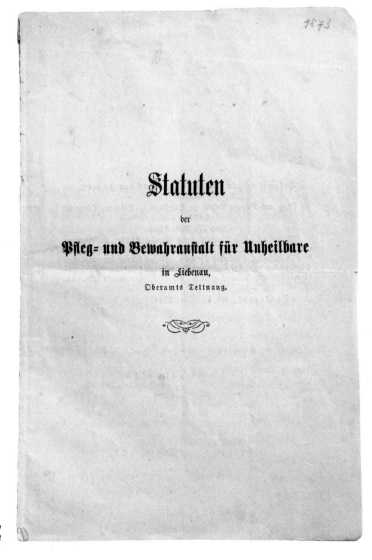

Titelseite
Gründungsstatuten 1873

„Zweck der Anstalt ist:
1. Cretinen, Blödsinnigsten tiefster Art,
2. Ekelerregenden Kranken,
3. Epileptischen eine gute Verpflegung von barmherzigen Schwestern angedeihen zu lassen."

Die Anstalt wuchs, weil der Bedarf da war. Und ein bescheidenes Maß an Förderung derer, die man einsetzen konnte bei der Selbstversorgung in Haus und Hof, fand statt. Die anderen wurden im Sinne der christlichen Nächstenliebe versorgt und gepflegt, so gut es eben möglich war. Dieser Status quo wurde viele Jahrzehnte aufrechterhalten. Erste zaghafte Schritte hin zu einem anderen, fördernden, fordernden und würdigen Umgang wurden zwar bereits in den 20er-Jahren des 20. Jahrhunderts gedacht und gegangen, jäh beendet jedoch durch die Ideologie und Herrschaft des Nationalsozialismus. Menschen mit Behinderungen gehörten zu den Bevölkerungsgruppen, deren Leben keinen Wert hatte und deshalb auszulöschen war. Die Zeit nach dem Zweiten Weltkrieg war im Wesentlichen dem Wiederaufbau des Landes gewidmet. Verdrängen und Schweigen gehörte dazu. Anderes war augenscheinlich erst später an der Reihe. Wir können im Rückblick heute davon sprechen, dass mit dem Erreichen eines gewissen Wohlstandes und einer politischen wie gesellschaftlichen Stabilität der Blick neu ausgerichtet werden konnte und in der bundesrepublikanischen Gesellschaft endlich auch die Benachteiligten, also diejenigen, die nicht in der Lage waren, für sich zu handeln und zu sprechen, wieder in den Fokus rückten.

Hilfe für Menschen mit Behinderungen wurde noch in den 60er-Jahren des letzten Jahrhunderts vielerorts als eine Art „satt-und-sauber-Versorgung" begriffen. Diese Menschen blieben unsichtbar, oft abgeschoben und in den Anstalten aus der Gesellschaft verbannt. Die, die den Nationalsozialismus überlebt hatten, ebenso wie die, die nachgeboren wurden. Ihre „Aufbewahrung" kann aus heutiger Sicht durchaus als würdelos bezeichnet werden. Dies geschah jedoch meist nicht wider besseres Wissen, sondern vielmehr weil man es nicht besser wusste, aber dennoch helfen wollte.

In dieser Zeit begann Norbert Huber im März 1968 zunächst als Direktor, später als Vorstand seinen Dienst in der Stiftung Liebenau. Was der Theologe und Psychologe in den 60er-Jahren vorfand, war eine Einrichtung, die es zwar gut meinte mit den ihr anvertrauten Menschen und deren Mitarbeiterinnen und Mitarbeiter gaben, was sie geben konnten, jedoch oft hilflos und überfordert waren. Was vollkommen fehlte, war jegliche Form von fachlicher Auseinandersetzung und daraus resultierenden Angeboten. Das war der traurige Standard in der Bundesrepublik Deutschland zu dieser Zeit. Aber die Zeit war reif für den Aufbruch. Norbert Huber beschreibt sich daher zutreffend selbst als „Klammer zwischen der Vergangenheit und Zukunft". Er war es, der gemeinsam mit anderen, die er zu einem Netzwerk zusammenführte, den Jahrzehnte dauernden Stillstand aufbrach. Er wurde maßgeblich gestaltendes Mitglied einer Bewegung, die den geistig behinderten Menschen und sein Recht auf Selbstbestimmung in den Mittelpunkt stellte und die Hilfen für sie neu ausrichtete, ihr ein neues, tragfähiges und respektvolles Fundament ermöglichte.

Mit Aufmerksamkeit und Behutsamkeit galt es die Bedürfnisse des lern- und geistig behinderten Menschen zu erkennen, seine Absichten und Wünsche wahrzunehmen und nicht zuletzt seine – wenngleich eingeschränkten – Entscheidungen zu achten, betonte Norbert Huber in den 70er-Jahren und trug dies als „ceterum censeo" ebenso beständig wie geduldig in Gremien, Politik und Gesellschaft. Huber hat die heftig vorgetragene Kritik an den bestehenden Einrichtungen, die Eltern und Fachleute um den niederländischen Pädagogen Tom Mutters seit 1958 mit Gründung der Lebenshilfe für geistig Behinderte formulierten, wohl gehört, und er hat sich in der Folge mit all jenen umgeben, die bereits begonnen hatten, neue Wege zu gehen.

> Norbert Huber konzentrierte sich auf zahlreiche Themen, die bis heute erkenntnisleitend sind.

Der Umgang mit Finanzen und Zahlenwerken war ihm zeitlebens ein Gräuel. Zwangsläufig hat er sich eingearbeitet in diese Materie, aber sie blieb ihm fremd. Norbert Huber war der Vordenker, der Antreiber, der Netzwerker, der Lobbyist, der Seelsorger und Umsorger, der unermüdliche Vortragsredner, Themensetzer, und er war Vorbild für alle, die in der Stiftung mitgearbeitet und gelebt haben. Sein Partner, der Verwaltungsleiter und Stellvertreter und ab 1992 auch gleichberechtigter Vorstand, Helmut Staiber, hielt ihm in all den Jahren nicht nur den Rücken frei, sondern sorgte mit seinem Team vorausschauend und klug dafür, dass die wirtschaftliche, bauliche und strukturelle Entwicklung der Stiftung Liebenau parallel zu den fachlichen und personellen Innovationen, die Nor-

bert Huber mit Verve vorantrieb, nicht nur Schritt hielt, sondern beides zusammen stabil und belastbar im Sinne der Menschen mit Behinderungen gestaltet wurde. Und so konnte sich Norbert Huber auf das konzentrieren, was bereits in kürzester Zeit zu zahlreichen Verbesserungen geführt hat, die nicht nur notwendig waren, sondern bis heute erkenntnisleitend sind. Entscheidend hierfür waren seine schnelle Auffassungsgabe und Einordnungsfähigkeit: So sah er schnell, dass es überall, nicht nur in der Liebenau, an ausgebildeten Fachkräften fehlte.

Das Institut für Soziale Berufe zur Gewinnung von fachlich ausgebildetem Personal geht auf seine Initiative zurück. Huber stellte früher als viele andere die richtigen Fragen und suchte nach Antworten, etwa bei Themen der weitgehenden Selbstbestimmung,

Berichterstattung
Zur Amtseinführung am 15. März 1968

Norbert Huber stellte früh die richtigen Fragen und suchte die Antworten.

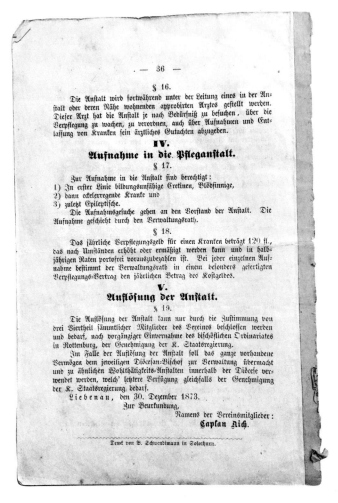

Auszug
Gründungsstatuten 1873

dem Älterwerden, der Bildung, Pflege, gezielter, individueller Förderung, Wohnformen, Arbeitsformen, Integration, der Mitarbeiterförderung und vielem mehr.

Auf Helmut Staiber hat sich Norbert Huber immer verlassen und wurde nie enttäuscht. Helmut Staiber und Norbert Huber bauten die Stiftung Liebenau in über 25 Jahren gemeinsamer Tätigkeit zu einem Sozialunternehmen aus, das sie Mitte der 90er-Jahre – rechtzeitig zum 125-jährigen Jubiläum – in eine Holding umwandelten, um sie zukunftssicher in die Hände ihrer Nachfolger zu legen.

Wer Norbert Huber heute begegnet, begegnet einem wachen, freundlichen, zugewandten und vor allem informierten Geist, der so viel jünger wirkt, als es seine bisher gelebten 90 Jahre vermuten lassen. Man begegnet einem Mann, der gerne lebt und heute die Freiheiten des Alters zu genießen weiß.

Norbert Huber verfolgt die Entwicklung der Stiftung Liebenau auch 20 Jahre nach Beendigung seiner eigenen prägenden Tätigkeit mit wachen Augen, hellem Geist und kritisch-wohlwollendem Blick. Er steht ohne Zweifel und im positiven Sinne für eine Zäsur in der Hilfe für Menschen mit Behinderungen.

> Die Welt wird nur dann ein Stückchen besser, wenn wir nicht nachlassen, das auch zu wollen.

Ich habe versucht, das Bild eines Mannes und seiner Lebensleistung zu zeichnen, das zwar unvollkommen und mosaikartig bleibt, in seinen Grundzügen jedoch nachvollziehbar machen soll, welch große Anstrengungen in einem prosperierenden Deutschland im ausgehenden 20. Jahrhundert unternommen werden mussten, um Menschen mit Behinderungen das Recht auf ein für sie gutes Leben zu ermöglichen. Norbert Huber war einer der Protagonisten.

Die Arbeit an diesem Buch hinterlässt nach vielen Gesprächen mit Norbert Huber, nach der Fülle der Lektüre seiner Veröffentlichungen bei mir nicht nur den Respekt vor einer großen Persönlichkeit, sondern hat mir wieder einmal die Augen dafür geöffnet, dass die Welt nur dann ein Stückchen besser wird, wenn Menschen wie er nicht nachlassen, das auch zu wollen.

Stuttgart im April 2016
Heike Schiller

„Was soll eines Tages aus mir werden, wenn der Krieg vorüber ist?"

1

„EIGENTLICH WOLLTE ICH ARZT WERDEN"
LEBENSSTATIONEN

Norbert Huber war gerade zwölf Jahre alt, als er 1938 zum ersten Mal einen Besuch in der Liebenau machen durfte. Die Schwester seines Großvaters war Oberin dort. Und so fuhr er eines Tages mit der Mutter von Stuttgart ins Oberland. Er erinnert sich nur noch an die gruseligen Stunden des Aufenthalts, die er nächtens im Schlosssaal habe aushalten müssen. Dort nämlich musste er übernachten, umgeben von Hunderten von Büchern, anderen für ihn undefinierbaren Dingen, die zu Lagerzwecken untergebracht waren, und den Heiligen, die von oben auf ihn heruntergeschauten. Schreckliche Ängste habe er gehabt, erzählt Norbert Huber heute immer noch mit einem leichten Schaudern im Blick, grinst aber auch schelmisch, weil es wohl Schicksal war, denn genau 30 Jahre später sollte er Direktor in der Liebenau werden und diesen Ort vom Gestern ins Heute mit Visionen für das Morgen 28 Jahre führen, modernisieren und gleichzeitig auf ein sicheres ökonomisches Fundament stellen.

Geboren wurde Norbert Huber am 8. April 1926 im Stuttgarter Marienhospital. Ihm folgten drei Schwestern. Die jüngste, Mechthilde, kam 1944 zur Welt und sollte später den großen Bruder in der Liebenau als Leiterin der Hauswirtschaft unterstützen. Sein Vater, ein Ingenieur, besaß eine Firma, die Hochkamine gebaut und Industrieöfen ausgemauert hat. Die Familie gehörte dem bürgerlich-katholischen Establishment in Stuttgart an und ist christlich-liberal geprägt. Das ist heute noch ein entscheidender Teil der inneren Haltung und des Wertesystems von Monsignore Norbert Huber. Für ihn als den „Kronprinzen" sah der Großvater eine Ausbildung bei den Jesuiten im österreichischen Feldkirch vor, die er jedoch nicht antreten konnte, weil die Nationalsozialisten die Schule geschlossen hatten. Sehr unglücklich war der Knabe darüber nicht, denn so konnte er bei der Familie bleiben. Er absolvierte eine klassisch-humanistische Gymnasialausbildung am Stuttgarter Eberhard-Ludwigs-Gymnasium, das er – kriegsbedingt – mit dem sogenannten Reifevermerk abgeschlossen hat. Norbert Huber gehörte der katholischen Jugendbewegung Neudeutschland an, die zwar bald verboten wurde, aber in der Pfarrjugend weiterlebte. Seiner Verbundenheit zur Pfarrjugend konnte er trotz der Pflicht, dem Jungvolk angehören und dessen Treffen absolvieren zu müssen, dennoch nachkommen. Norbert Huber erinnert sich, dass seine Mutter äußerst kreativ war beim Schreiben von Entschuldigungen, wenn die Kinder lieber zu ihren Pfarrjugendgruppen wollten. Und auch der eher schweigsame Vater hatte eine unmissverständliche Haltung zu den neuen Machthabern. An die nächtlichen Debatten der Eltern mit ihren Freunden kann sich Norbert Huber noch gut erinnern, wenngleich ihm mehr die damalige Atmosphäre präsent ist als die tatsächlichen Inhalte der Gespräche, an denen er nicht teilnehmen durfte. Der katholische Glaube war der Familie gerade in dieser Zeit ein wichtiges Fundament. Verhindern ließ sich dennoch nicht, dass der 17-jährige Norbert im Februar 1943 mit der gesamten Schulklasse zur Flak verpflichtet wurde. 1942 wurden er und seine Schulkameraden zunächst nach den Sommerferien für einige Wochen als Arbeitshelfer zur Hopfenernte nach Tettnang geschickt. Am Wochenende besuchte er seine Tante, die nach wie vor in der Liebenau tätig war. An diese Besuche hat er ebenfalls nur sehr vage Erinnerungen.

Daher empfiehlt er, statt eigene Erinnerungen zu erzählen, die Lektüre eines dokumentarischen Roman, der beschreibt, was er so bestätigen möchte: In ihrem Roman „Dort geht Katharina oder Gesang im Feuerofen" berichtet die Autorin Monika Taubitz aus Sicht eines damals 14-jährigen Mädchens, dessen Tante auf der Liebenau eine Stelle als Aufsicht „geisteskranker und behinderter Kinder" erhielt, von ihrem ersten Besuch, der wenige Jahre nach Ende des Zweiten Weltkrieges stattgefunden hat und dessen spätere Beschreibung dem sehr nahekommt, was der damals fast gleichaltrige Norbert Huber Jahre vorher gesehen und erlebt haben könnte:

Der katholische Glaube war der Familie Huber ein wichtiges Fundament.

St. Josefs-Haus
Liebenau, 1903

„Es war Hochsommer. Die großen Ferien hatten soeben begonnen. Ich war vierzehn und alt genug, um allein auf Reisen zu gehen. Zur damaligen Zeit bedeutete eine Fahrt nach L. eine Tagesreise, die durch dreimaliges Umsteigen und lange Wartezeiten mehrmals unterbrochen wurde.
Von einer Heil- und Pflegeanstalt hatte ich keine übertriebenen Vorstellungen; Tante Lenas regelmäßig eintreffenden Briefe berichteten genau und ohne Übertreibungen. Außerdem hatte in N. (ein Ort im Allgäu, Anm. Verf.) seit meinem neunten Lebensjahr ein geisteskrankes Mädchen zum weiteren Kreis meiner Spielgefährten gehört. Die Dunstglocke, die sich an heißen Julitagen über der Seelandschaft wölbt, die Berge am jenseitigen Ufer mit Schleiern verhängt, hielt die Luft auch damals in feuchter Schwüle, als ich in L. ankam. Im Schatten der Kirschbaumallee ging ich auf das größte Gebäude im Dorf zu, das, hinter einer hohen Mauer zurückgezogen, die Außenwelt vor sich abschirmte. Über mir hingen in Büscheln die reifen Kirschen. An der Pforte kam mir Tante Lena entgegen. Über meine Wiedersehensfreude hin-

aus war ich erleichtert, sie neben mir zu haben, als wir zusammen in die Kinderabteilung gingen und die Tür hinter uns zufiel. Das Geräusch des sich drehenden Schlüssels im Schloß, das Rascheln des Schlüsselbundes unter der blaugestreiften Schürze der Schwester, die uns in Empfang nahm, erfüllten mich mit leisem Unbehagen. Doch ich ließ mir nichts anmerken. Jetzt stürzen die Kinder auf uns

Leben in Liebenau
Bewohner mit Ordensschwester um 1920

zu. Von allen Seiten kamen sie herbei, umkreisten uns und blieben in geringem Abstand von uns wie angewurzelt stehen. Schweigend starrten sie mich an. Zwei, drei Dutzend Augenpaare hielten mich gebannt. Ich rührte mich nicht, schaute in diese vielen Augen, die mich in Fesseln schlugen. Starr, hungrig, fragend, kindisch, aber auch uralt oder leer und blöde hielten mich diese Blicke fest. Ich hörte mein Herz klopfen, und mein Hals war wie zugeschnürt. Was die Schwester und meine Tante sagten, während sie auf die Kinder einredeten, nahm ich nicht wahr. Aber ich nickte müh-

> sam zu ihrem begütigenden: ‚Wir haben hier keine schweren Fälle!' – ‚Die gibt es jetzt nicht mehr', setzte die Schwester hinzu und senkte die Augen. Und nun rückte die Wand näher, begann lebendig zu werden, sich aufzulösen. Eine kleine Hand streckte sich aus, tastete voran, kam auf mich zu. Das war ein Zeichen. Viele andere Hände kamen aus Hosentaschen und unter Schürzen hervor, Finger lösten sich aus Nasenlöchern und Mündern, aus Lockengewirr oder ihrer eigenen Verkrampfung und näherten sich. Wie kleine, fremde Tiere krochen sie auf mich zu, umschlängelten mich, faßten mich an, tasteten über meinen Körper, strichen mir feucht über Gesicht und Haare. Schauder des Ekels und der Rührung überliefen mich. Ich streckte meine Hände aus, in Abwehr und halbherzigem Entgegenkommen, und die vielen Gesichter näherten sich mir. Mongoloide Häßlichkeit und leere, bewußtlose Schönheit tanzten vor meinen Augen auf und ab. Der Gong, der zum Abendessen rief, rettete mich. Auf das Rasseln des Schlüsselbundes hin ließen sie von mir ab und stürmten zu ihren Plätzen im Speiseraum, während zwei Küchenmädchen den Kessel mit dampfender Suppe herbeischleppten und scheppernd absetzten."[1]

Norbert Huber ist bei seinen Besuchen offensichtlich nicht in das Innerste der Anstalt vorgedrungen. Seine Eindrücke sind vielmehr vom Blick von außen geprägt: Auf der einen Seite die Frauen mit Behinderungen in eigenen Unterkünften, auf der anderen die Internierten aus den sogenannten Feindstaaten. Engländerinnen, Französinnen, auch Holländerinnen und einige Amerikanerinnen waren wohl dort untergebracht. Der junge Mann kam, aß, unterhielt sich freundlich mit seiner Tante und wanderte wieder zurück zu seinen Kameraden auf den Hof, wo sie den Hopfen zu ernten hatten.

Im weiteren Verlauf des Krieges mussten seine Kameraden und er ein halbes Jahr Arbeitsdienst im badischen Lahr ableisten, danach wurden sie eingezogen. Für Norbert Huber stellte sich zu diesem Zeitpunkt die Frage: „Was soll eines Tages aus mir werden, wenn der Krieg vorbei ist?" Sein Vorbild war der jüngste Bruder seiner Mutter, Onkel Ludwig Gaukler. Der nur zehn Jahre ältere Onkel gab dem suchenden Neffen Orientierung. Norbert Huber bewunderte ihn, sein Medizinstudium, sein Dasein als Militärarzt. Und so meldete er sich als Sanitärsoffiziersbewerber. „Ich habe gedacht", erzählt er heute, „mit diesem Beruf kann ich den Menschen helfen und für sie da sein." Die Grundausbildung hierfür absolvierte er an verschiedenen Orten und musste sich mittendrin mit einer Gelbsucht selbst in Behandlung begeben. Die Gelbsucht wurde vermutlich von der Sonderverpflegung verursacht, die den noch jugendlichen Männern zustand: „Leberkäs' und ein Stückchen Margarine bekamen wir. Beides war nicht immer unbedingt frisch." Nach seiner Genesung wurde Norbert Huber von hier nach dort versetzt; der Krieg wurde immer schlimmer, und irgendwann versuchten er und seine Kameraden, aus der Gegend von Limburg den Weg nach Hause zu finden. „Wir sind damals acht Tage lang durch die Wälder Richtung Süden marschiert. Wir wollten nur noch heim. Das ist uns nicht gelungen. An meinem 19. Geburtstag, am 8. April 1945, haben uns die Amerikaner geschnappt. Nach einer Nacht hat man uns in Zügen nach Marseille gebracht. Ich hatte damals das Gefühl, die große Angst, nie wieder zu meiner Familie zurückzukommen. In dieser Zeit wurde das Katholischsein ein noch festeres Fundament, auf dem ich bis heute stehe. Ich wusste nun, der Glaube ist dein Platz. Das ist der Ort, wo du deine Wurzeln hast neben der Familie." Er fragte sich immer öfter, „ob später, falls ich doch aus der Gefangenschaft entlassen werden sollte, ein Medizinstudium wirklich richtig ist oder ob es nichts Wichtigeres geben könnte in meinem Leben." Ende 1946 befand er sich immer noch in französischer Kriegsgefangenschaft und hörte, dass es in der nordfranzösischen Stadt Chartres ein Theologieseminar gab, für das man sich melden konnte. Er bekam die Genehmigung und wurde in Marsch gesetzt. Bis Chartres ist Norbert Huber nicht gekommen. Dieses Lager wurde unmittelbar vor seiner Ankunft aufgelöst. Und so hieß die letzte Station des Kriegsgefangenen Norbert Huber Montélimar. Dort wurde er vom Lagerpfarrer als Helfer eingesetzt. Am 23. Dezember 1947 kam Norbert Huber mit 21 Jahren aus dem Krieg nach Hause.

Nun wollte er Pfarrer werden und begann im darauffolgenden Jahr in Tübingen das Studium. Beeindruckt und überrascht hat ihn dabei Folgendes: „In unserem Semester saßen Frauen im Hörsaal. Das war ganz neu. Sie haben tatsächlich katholische Theologie studiert. Wir fanden es aufregend, dass in unserer Männergesellschaft plötzlich Frauen auftauchten. Das war sehr unerwartet. Beim Priesterseminar war dann aber die Ordnung wiederhergestellt", erzählt er schmunzelnd. 1953 wurde Norbert Huber in Heilbronn zum Priester geweiht. Er trat in Tuttlingen sein Vikariat an und wurde dort bereits nach einem halben Jahr wieder abberufen, um in Rottenburg das Martinihaus zu leiten. Ein Internat für Knaben, die dort das Progymnasium besuchten mit dem Ziel, später katholische Theologie zu studieren und Priester zu werden. Huber vermutet, man habe ihm diese Aufgabe angetragen, weil er sich sehr interessiert an der Jugendseelsorge gezeigt habe.

„In unserem Semester saßen Frauen im Hörsaal. Das war ganz neu."

Die Arbeit machte ihm Freude, aber in Rottenburg befand man, Norbert Huber sei nicht ausgelastet, und bot ihm an, im nahen Tübingen das Studium der Psychologie aufzunehmen. Er selbst wäre nicht auf die Idee gekommen. Das Bedürfnis, der menschlichen Seele näherzukommen, sie besser zu verstehen, das spürte er wohl; dies mit einem Studium zu erreichen, konnte er sich nicht vorstellen. Aber in Rottenburg erkannte man seine Fähigkeiten und ermöglichte ihm, die damals noch eher exotische Kombination von Theologie und Psychologie in Einklang zu bringen. Noch heute ist er dankbar dafür. Auch wenn er im Rückblick sagt: „Die damalige Tübinger Psychologie war sehr stark naturwissenschaftlich bis mathematisch geprägt. Das war für mich keine wirkliche Freude. Allerdings habe ich gelernt, nicht ins Blaue hinein zu philosophieren, sondern strukturiert, nahezu naturwissenschaftlich zu denken und zu analysieren." Seine Praktika absolvierte er unter anderen im Ravensburger Elisabethenkrankenhaus und kam dort ganz praktisch mit Psychoanalyse und Psychotherapie in Berührung. Als einziger Kleriker unter den Studierenden fiel Huber damals natürlich auf. Das war ihm unangenehm. Lieber setzte er bei seinem Bischof durch, gewissermaßen „in Zivil" im Hörsaal sitzen zu dürfen. Bis er 1962 sein Examen in der Tasche hatte, pendelte Norbert Huber also mit seinem Lloyd zwischen Rottenburg und Tübingen hin und her. Lebte und arbeitete dort als Student und hier als Seelsorger und Pädagoge für 120 Knaben, die er in Religion unterwies, und wurde bei dieser Aufgabenfülle zum Nachtarbeiter. Eine Tugend, die ihm später als Direktor in der Liebenau sehr zu-

Studienbegleiter
Das wichtigste Werk für Norbert Huber während seines Psychologiestudiums

gutekommen sollte. Was man aber nun mit dem Priester und seiner Zusatzausbildung anfangen sollte, das war nach dem erfolgreichen Studienabschluss nicht wirklich klar, und so übernahm Huber zunächst das Seelsorgeamt in Rottenburg. Seine Hauptaufgabe: Vorträge halten über Pädagogik, Sexualerziehung und Bußsakrament. Eine, wie er sagt, „kuriose Mischung" von Themen. Weil er aber im Knabenseminar bereits gute Dienste geleistet hatte, versetzte man ihn alsbald nach Stuttgart als Direktor des Spätberufenenseminars Ambrosianum, in dem junge Männer, die bereits einen bürgerlichen Beruf erlernt hatten, jedoch Priester werden wollten, auf das Theologiestudium vorbereitet wurden. In seiner Stuttgarter Zeit fand er Anschluss an Dr. Josef Parstorfer, der später in Ravensburg das sozialpädagogische Institut leiten sollte, den Pastoralpsychologen Professor Dr. Hermann Stenger, dem er wesentliche Anregungen für den Umgang mit Menschen und ihre Leitung verdankt, und den Arzt und Psychotherapeuten Professor Dr. Dr. Albert Görres in München, der dann beim hundertjährigen Jubiläum der Stiftung den grundlegenden Festvortrag „Unser Partner – der behinderte Mensch" gehalten hat. Und so begann er, ein Netzwerk aufzubauen, das aus Theologen mit der Zweitqualifikation Psychologie bestand. Auch dieses Engagement sollte sich bei seiner späteren Aufgabe als hilfreich erweisen.

In Rottenburg erkannte man seine Fähigkeiten und ermöglichte ihm das Studium der Psychologie.

Am 30. Oktober 1967 starb sein Onkel Max Gutknecht, der seit 1953 Direktor in der Liebenau gewesen ist. Norbert Huber wurde 1968 sein Nachfolger und leitete die Stiftung Liebenau bis 1996. Im Juni 2002 erhielt Monsignore Dipl.-Psych. Norbert Huber die Ehrendoktorwürde der Johann-Wolfgang-Goethe-Universität Frankfurt. In seiner Laudatio fasst der langjährige Weggefährte Prof. Dr. Dr. Franz Kaspar[2] die Lebensleistung zusammen:

> „Was sind seine hervorragenden Verdienste um die Wissenschaft? – 127 Titel umfasst die Liste seiner Publikationen und Vorträge. Und sein beruflicher Weg ist durch immer neue Verknüpfungen von Theologie und psychologisch orientierter Pädagogik gekennzeichnet. Als ‚Brückenbauer' zwischen Theorie und Praxis hat er erfolgreich gewirkt.

In seinen Publikationen und Vorträgen sind die theologisch-anthropologischen und die pädagogisch-psychologischen Aspekte untrennbar miteinander verwoben. Norbert Huber ist es – vor allem im Bereich der christlich bestimmten Hilfe für Menschen mit Behinderungen – beispielhaft gelungen, Theologie mit Humanwissenschaften in fruchtbare Beziehung zu bringen. Daraus ergeben sich Schnittflächen, die er überzeugend ausgestaltet hat, indem er wissenschaftlich fundiert und gründlich reflektiert Erkenntnisse vermittelt hat. Didaktik wusste er dabei gekonnt anzuwenden und Strukturen und konkrete Situationen angemessen zu berücksichtigen. 1992, als er den Vorsitz im Fachverband niederlegte, veröffentlichten (ohne sein Wissen) Kollegen einige seiner Publikationen in Buchform[3]. Die dabei vorgenommene Gliederung entspricht in etwa den Leitzielen von Norbert Huber:

> Die Personen kennen und mit ihnen leben.
> Die Mitarbeiter/Mitarbeiterinnen ausbilden und begleiten.
> Die Strukturen schaffen und lebendig werden lassen.
> Die Orte planen und gestalten.
> Die Grundlagen offenlegen und vermitteln.

(...) Norbert Huber hat bei all dem, was er in einem eindrucksvoll erfolgreichen Berufsleben geschaffen hat, nicht nur den je einzelnen Menschen im Blick, sondern stets auch den Einfluss der institutionellen Rahmenbedingungen auf seine jeweilige Aufgabe bedacht, und eines seiner Kennzeichen ist es, dass er nicht nur die eigene Praxis mehrperspektisch reflektiert, sondern das, was er erkannt – herausgefunden – hat durch Wissenschaften und Praxis, anderen vermittelt; durch seine zahlreichen, nicht selten bahnbrechenden Publikationen hat er die Entwicklung der jeweiligen Arbeitsfelder vorangetrieben – insbesondere im Bereich der Hilfe von Menschen mit Behinderungen. (...) Neben seiner praktischen Tätigkeit entwickelt er theoretische Bezugsrahmen, die so überzeugend sind, dass sie vielfach übertragen werden. Der Diskurs – nicht die Rezeptur – ist der Weg dieser seiner Vermittlung zwischen Wissenschaften und Praxis.

(...) Es kennzeichnet die Arbeit von Norbert Huber, dass sie sich nicht in der Systematik von Lehrbüchern niederschlägt, sondern – neben der von ihm verantworteten Praxis – in den Organen der Selbstverständigung der – wie er selbst – Tätigen. Norbert Huber sucht den Dialog zwischen allen Beteiligten – zwischen Mitarbeitern/Mitarbeiterinnen, zwischen Ausbildungsstätten und Praxisorten, Trägern von Institutionen, kirchlich und gesellschaftlich Verantwortlichen, zwischen Theologie und Humanwissenschaften. Er hat dort, wo er tätig gewesen ist, diesen Dialog zwischen Praxiserfahrung und deren wissenschaftlicher Fundierung in Gang gebracht und lebendig gehalten."

Biografische Begegnung
Norbert Huber
im Sommer 2015

Heute lebt Norbert Huber in Ravensburg und ist ein nach wie vor gefragter Gesprächspartner, Vortragsredner und Seelsorger. Er ist aber auch ein Genussmensch, der Musik und gutes Essen liebt und seit seiner Pensionierung mit seiner jüngsten Schwester Mechthilde Huber, mit der er nicht nur die arbeitsreichen Jahre in der Stiftung Liebenau teilte, sondern auch das Leben danach gestaltet, Konzerte besucht oder auf dem Bödele im Bregenzer Wald an schönen Tagen den Blick auf den Bodensee genießt.

„Ich kannte die Menschen in der Liebenau nicht, ich hatte keine Ahnung, was mich dort erwartet."

2

„MEINE VORSTELLUNGEN WAREN BLANKER UNSINN"
ERSTE EINDRÜCKE UND AUSBLICKE

Norbert Huber hatte sich entschieden, der Aufforderung von Prälat Weitmann, der zu dieser Zeit in der Diözese Rottenburg-Stuttgart für Personalangelegenheiten zuständig war, zu folgen und sich für die Nachfolge des unerwartet verstorbenen bisherigen Direktors Max Gutknecht in der Liebenau zu bewerben. Die familiären Bande, durch die er die Liebenau ja schon als Zwölfjähriger kennengelernt und danach regelmäßig als Gast besucht hatte, waren ihm jedoch zunächst mehr Hindernis als Ansporn. Und so trat er mit einem handgeschriebenen Manuskript, das ihm ordentlich und gradlinig Stichwortgeber für seinen Vortrag war, vor den Verwaltungsrat der Liebenau, dem er seine Vorstellungen und Ideen für die künftige Aufgabe darlegen sollte. Er glaubte sich gut vorbereitet nicht nur für das Gespräch, sondern auch für seine Tätigkeit, die abzulehnen ihm kaum möglich war. Dass er eine Herkulesaufgabe zu bewältigen haben würde, derer er sich mit seinem ersten Ideenkonvolut nicht bewusst sein konnte, das ist Norbert Huber sehr schnell klar geworden. Die Schilderungen aus seinen unmittelbaren Anfängen veranschaulichen exemplarisch den Status quo der Hilfe für Menschen mit geistigen Behinderungen in der Bundesrepublik der 60er-Jahre des vergangenen Jahrhunderts. Erst jetzt änderte sich das gesellschaftliche und politische Bewusstsein in einem Land, das nach dem Wiederaufbau und dem Erreichen eines gesamtgesellschaftlichen Wohlstandes seinen Fokus auf die Benachteiligten zu richten begann.

> „Der geistig behinderte Mensch war bis dato fremd gelieben."

„Ich werde nie vergessen, wie das gewesen ist damals, als ich mich im Januar 1968 beim Verwaltungsrat der Stiftung Liebenau im Kloster Reute vorgestellt habe. Ich sollte dort also vortragen, wie ich mir meine künftige Arbeit vorstelle. Wenn ich heute meine Aufzeichnungen durchsehe, muss ich sagen: Dem Verwaltungsrat habe ich blanken Unsinn erzählt. Da sprach einer, der Psychologie und Theologie studiert hatte und aus dieser Perspektive das ausführte, was er tun wollte. Ich kannte die Menschen in der Liebenau nicht, ich hatte keine Ahnung, was mich dort wirklich erwartet. Ich war Theologe und Psychologe. Ja. Aber was war das für eine Grundlage? Welches Bild hatte ich von dem Personenkreis, der mir dort begegnen wird? Ich hatte an der Universität Tübingen gelernt, dass man die Menschen mit geistigen Behinderungen schlicht unter die psychisch Kranken zu subsumieren habe. Der geistig behinderte Mensch war bis dato fremd geblieben in der Öffentlichkeit und in der Wissenschaft. Er war ausgeschlossen, weggesperrt, und niemand interessierte sich vertieft dafür. Man war zufrieden mit der Erkenntnis, es mit psychisch Kranken zu tun zu haben, sie als solche wahrzunehmen und zu versorgen, ohne sie weiter zu beachten. Damit will ich nicht sagen, dass diejenigen, die sich um sie gekümmert haben, nicht ihr Bestes gegeben haben."

„Dem Verwaltungsrat habe ich blanken Unsinn erzählt."

Norbert Hubers Aufzeichnungen, die ihm die Stichworte für seinen Bewerbungsvortrag gaben, seien hier im Original wiedergegeben, sie verdeutlichen den Stand seines damaligen Wissens und Wollens, das er mit einer „gewissen Sachkenntnis" aufgrund seiner „Ausbildung als Psychologe mit guter Ausbildung in klinischer und experimenteller Psychologie" begründet:

> „**1.** Grundsätzlich Respekt vor den Kranken beziehungsweise Patienten. Nicht einfach Insassen und auch nicht einfach hoffnungslose Fälle. Jeder, der sich in Neurosen, Psychopathien und Psychosen auskennt, weiß, wie dünn die Wand zwischen dem ist, was wir als gesund und normal und als krank oder krankhaft bezeichnen.

2. Daraus ergibt sich die Notwendigkeit, die Anstalten nicht als Verwahranstalt, sondern als Heil- und Pflegeanstalt zu führen. Das heißt, therapeutische und pflegerische Gesichtspunkte sollten Vorrang haben.

3. Dies erfordert eine optimale personelle Besetzung. Ein wichtiger Schritt wurde hierzu bereits vom Verwaltungsrat getan mit der Ausschreibung der Stelle eines Verwaltungsfachmannes. Damit wollte der Direktor für die eigentliche Planung, Koordination und auch fachlich fundierte Leitung der Anstalt frei werden.

Für die Pflegerstellen wird geschultes Personal zu suchen sein. Vielleicht wird man, wie auch anderwärts, eine entsprechende Schule haben müssen, entsprechende Wohnungen und Altersversorgung.

Für die differenzierte Führung des Betriebes ist auch qualifiziertes, ja akademisches Personal nötig: Facharzt, Psychologen oder Psychagogen, Beschäftigungstherapeuten, heilpädagogisch gebildete Lehrer und Kindergärtnerinnen, Heilpädagogen.

4. Weiter ist eine räumliche Gliederung der Anstalt nach Fachabteilungen nötig. Nicht nur Männer – Frauen – Kinder, auch nach der Art der Patienten. Dies erfordert zugleich Konzentration auf einige wenige Arten von Kranken.

5. Die Anstalt sollte in Teamwork geführt werden. Das heißt, es sind regelmäßige Konferenzen der leitenden Angestellten nötig. Hier müssen Fragen zur Entscheidung reif vorbereitet werden. Auch auf der mittleren Ebene des Personals muss Teamarbeit angestrebt werden. Noch nötig Dienstpläne etc., Regelung der Vertretung einschl. Schwestern. Auch Fortbildung in diesem Sinne.

6. Hierzu unter den Angestellten klare Kompetenzen nötig und auch entsprechende Verantwortlichkeit für Entscheidungen, zum Beispiel Arzt, Verwalter etc. Alle Entscheidungen sollten möglichst im Team vorbereitet werden. Letzte Zuständigkeit beim Direktor. Übrigens, Seelsorge muss eigenständig eingebaut werden.

7. Daraus ergibt sich Stellung zum Verwaltungsrat. Der Direktor ist ihm allein verantwortlich. Es wird aber gut sein,

zu bestimmten Problemen auch den zuständigen Angestellten (Arzt, Lehrer, Psychologen oder Verwalter) zu hören. Grundsatzentscheidungen sind Sache des Verwaltungsrates, er muss auf ihre Ausführung achten.
8. Um der Gliederung und Konzentration willen gute Kontakte mit den übrigen caritativen Anstalten (z. B. Verlegung).
9. Möglichst gute Kontakte zu Instituten und Bereitschaft, deren Erkenntnisse zu übernehmen und unter Umständen Großexperimente mit zu finanzieren.
10. Das heißt auch entsprechende Behandlungsräume schaffen (z. B. für Gruppen-, Spiel-, Bewegungs- und Arbeitstherapie etc.).
11. Ich selbst würde außerdem größten Wert auf die Kenntnis der einzelnen Patienten und ihre Behandlung legen. Daher gehört zur Teamarbeit Bericht der einzelnen Stationen in regelmäßigen Abständen.
12. Der Direktor müsste über einen gewissen Geldbetrag, der nicht zu niedrig sein darf, Verfügung haben, um Modellversuche durchführen zu können.
13. Zu überlegen ist, ob man die Pflegebedürftigkeit streng auf Psychosen beschränken soll, da die Übergänge und die Pflegebedürftigkeit der Neurosen zu beachten sind.
14. Über Baumaßnahmen kann wegen mangelnder Detailkenntnis nichts gesagt werden.
15. Änderungen, die notwendig sind, auch zum Besseren, nur langsam vornehmen, da die Kranken gewohnte Umgebung brauchen."

Norbert Huber selbst sieht seine Ausführungen im Rückblick als unzureichend, ja geprägt von Unwissenheit an. In Wirklichkeit hat er sich des Themas, das ab nun zu seinem Lebensinhalt werden sollte, bereits in den meisten Punkten problembewusst und zukunftsweisend angenommen. Wie der neue Direktor bei seinem Amtsantritt 1968 die ersten Begegnungen in der Liebenau erlebt hat, erzählt er sehr eindrücklich und offenbart auch seine ersten Empfindungen gegenüber den ihm noch sehr fremden Menschen:

„Ich habe die Menschen als sehr, sehr diszipliniert erlebt."

„Und dann gehe ich wenige Wochen nach diesem Gespräch das erste Mal über den Hof in der Liebenau und begegne freundlichen Menschen, die nicht immer besonders ansehnlich waren. Ich musste mich beim einen oder anderen durchaus über-

Blick in die Wäscherei
*Stiftung Liebenau
um 1960*

winden, ihn anzuschauen. Besonders schrecklich fand ich den Anblick von Kindern oder jungen Menschen, die einen sogenannten Wasserkopf hatten – etwas, was man heute in dieser Grausamkeit nicht mehr sehen muss, weil die modernen Behandlungsmöglichkeiten die Qual lindern. Das war schlimm. Gleichzeitig habe ich die Menschen als sehr, sehr diszipliniert erlebt. Heute möchte ich sagen, das war eine Folge der damals herrschenden Pädagogik, die eigentlich keine war, sondern lediglich als Maßnahme zu sehen ist, die unterschiedlichen Temperamente und Ausprägungen der jeweiligen Behinderungen so weit in den Griff zu bekommen, dass der Alltag einigermaßen reibungslos bewältigt werden konnte."

Dabei war die Situation auf der Liebenau keineswegs singulär, sondern in ganz Westdeutschland sehr ähnlich. Norbert Huber beschreibt diese Eindrücke, die sich ihm tief eingeprägt haben und die er so schnell als möglich ändern wollte, ohne Anklage, sondern mit Verständnis für die damaligen Verhältnisse, die man sich 50 Jahre später so gar nicht mehr vorstellen kann.

Essen ist fertig
Transport von der Küche zur Unterkunft, vor 1960

„Ich möchte ein Beispiel sagen: Unvergesslich ist für mich Schwester Gislaria. Sie betreute den zweiten Stock im Schloss. Dort lebte eine Gruppe mit ungefähr 30 Frauen. Eine Mischung von schwerbehinderten, etwas leichter behinderten, zum Teil aggressiven Frauen. Sie selbst hatte eine körperliche Behinderung als Folge einer Erkrankung in ihrer Kindheit, die sie zwang zu hinken und sie schon körperlich permanent an die Grenzen ihrer Kräfte brachte. Mit ein oder zwei Hilfskräften mussten jeden Tag die großen Kübel mit dem Essen aus der Küche zum Schloss geschleppt werden. Dort war ein Aufzug, den man mit Hand betreiben musste, um alles, was zur Versorgung der Frauen benötigt wurde, in die Räume zu transportieren. Diese Situation haben wir übrigens bald geändert. Wir waren auch hier Vorreiter, denn bis das Essen in diesen Kübeln auf die Stationen kam, war es meistens kalt. Und wirtschaftlich waren die drei bestehenden Küchen nicht. Wir haben sie also zentral zu einer zusammengefasst und das ganz neue Schweizer System der sogenannten Kaltverteilung übernommen. Das gab es in Deutschland noch nirgendwo. Gekocht, heruntergekühlt und in den Gruppen wieder erwärmt. Das ist heute noch so. Wir mussten es allerdings gegen viele Widerstände durchsetzen. Und selbstverständlich hat sich mit den Jahren auch hier eine größere Vielfalt eingestellt. Es wird jetzt – sofern es der Personalschlüssel erlaubt – gerne selber gekocht. Aber noch einmal zurück zu Schwester Gislaria. Beeindruckt hat mich, mit welcher Geduld und Ausdauer sie ihre Aufgabe erfüllt hat.

„Dann gehe ich über den Hof der Liebenau und begegne freundlichen Menschen."

Manchmal hat sie jedoch auch heftig reagiert und agiert, wenn eine oder mehrere der Frauen mal wieder nicht zu ‚bändigen' waren. Dafür Verständnis aufzubringen war nicht leicht. Aber wie sie das überhaupt psychisch und physisch durchgehalten hat, hat mich immer wieder erstaunt. Dazu muss man wissen: Für die Schwestern, die sich ja nicht selber entscheiden konnten, in welcher Einrichtung sie welche Arbeit machen wollten, sondern den Ordensoberen unterworfen waren, war das oft ein sehr schweres Leben, mit dem sie sich arrangiert hatten, so gut sie konnten. Wie in fast allen Gruppen mussten die Frauen zum Teil gefüttert werden, konnten keiner Beschäftigung nachgehen und saßen oder lagen mehr oder weniger den ganzen Tag – lediglich unterbrochen von den Mahlzeiten – herum. In den Betten lagen diese braunen Gummimatten, die regelmäßig eingenässt und eingekotet wurden. Das musste gereinigt werden. Es roch immer unangenehm, denn auch die Körperpflege blieb oft auf der Strecke. Eine Ordensschwester mit meist nur einer Hilfsperson an ihrer Seite war damit natürlich völlig überfordert. Diese Zustände waren ganz und gar unerträglich. Und ich erkannte schnell: Es ist alles schön und gut, was du dir da ausgedacht hast, aber die Liste der Prioritäten musst du neu machen."

Entscheidend waren also zunächst zwei Vorhaben umzusetzen: die Verbesserung der Personalsituation, nicht nur quantitativ, sondern vor allem qualitativ. Ebenso prioritär erschien Norbert Huber die Verbesserung der räumlichen Situation für die Menschen mit geistigen Behinderungen. Seiner Erinnerung nach fand er folgende Gegebenheiten vor:

„Die Liebenau bestand zum Zeitpunkt meines Eintrittes als Direktor im Prinzip aus drei Anstalten: Liebenau, Hegenberg und Rosenharz, und jede hatte eine eigene Küche, eine Landwirtschaft, eine Gärtnerei, eine Wäscherei, eine Kirche und einen Hausgeistlichen. Die Leitung oblag jeweils einer Schwester Oberin. Ihr Zuständigkeitsbereich war breit gefächert und umfasste alle Bereiche, die nicht im Schulischen und Medizinischen angesiedelt waren. Die Oberinnen waren also diejenigen, die den größten Teil des Gesamtbetriebes geleitet haben und die Verantwortung trugen. Sie haben die Hauswirtschaft geleitet, den Umgang mit den behinderten Menschen. Sie haben den Tagesplan gemacht. Die Schwestern hatten ja ihre Ordnung, die sich von den weltlichen Mitarbeitern unterschied. Sie sind morgens um 6.30 Uhr in die Kirche gegangen und haben alle mitgenommen, die einigermaßen aufnahmefähig waren und selber gehen konnten. Man konnte sie ja nicht allein lassen. Die anderen blieben weitgehend unbeaufsichtigt in ihren Schlafräumen. Den Gottesdienst hat in der Liebenau traditionell der Direktor gehalten. Er wurde in Abwesenheit von den jeweiligen Hausgeistlichen vertreten. Auch das konnte so nicht bleiben.

Dazu muss man wissen: Es waren meiner Erinnerung nach um 1000 Menschen, die von etwa 80 Schwestern und vielleicht nochmals 150 weiteren Angestellten betreut wurden. Aber die meisten Angestellten waren in der Hauswirtschaft, also der Küche und Waschküche, in der Gärtnerei, der Landwirtschaft und in den Handwerksbetrieben beschäftigt. Wir haben ja damals noch eine eigene Schreinerei, eine Schlosserei betrieben, wir haben eine Metzgerei gehabt und eine Bäckerei, und eine der Schwester unterhielt noch einen großen Stand mit Bienen, in

> „Beeindruckt hat mich, mit welcher Geduld und Ausdauer die Schwestern ihren Dienst getan haben."

Fördern und Fordern I
Ein Junge präsentiert seine selbst gebauten Werke, Mitte 50er-Jahre

dem jedes Bienenvolk den Namen eines Heiligen trug. Diese Schwester hat auch einen herrlichen Hefezopf gebacken, den gab es, allerdings in unterschiedlicher Qualität, entsprechend den Kirchenfesten.

Es gab einige Schwestern, die ausgebildete Krankenschwestern waren und Krankenpflegehelferinnen. Es war auch die eine

Handarbeiten
Wärmendes für den Winter in Gemeinschaft erstellen

oder andere Kindergärtnerin dabei. Aber der größte Teil verfügte über keinerlei Ausbildung, wie wir sie heute kennen.

Hinzu kam eine Form von Hierarchie, die nicht unbedingt einer spannungsfreien Zusammenarbeit zuträglich gewesen ist. Die Schwestern stellten eine Gruppe für sich dar, die über ein ganz eigenes internes Kommunikationssystem verfügte. Sie hatten ihren Tagesrhythmus, der sie neben dem täglichen Kirchenbesuch am Morgen, am Mittag und am Abend im Refektorium zusammenführte. Sie haben miteinander gegessen, und dabei tauschten sie sämtliche in ihren Augen relevanten Informationen aus. Das heißt, Mitarbeiterinnen und Mitarbeiter, die nicht dem Orden angehörten, waren nicht in diesen Kommunikationskreis einbezogen. Diese Tatsache barg naturgemäß ein nicht zu unterschätzendes Konfliktpotenzial. Hinzu kam, die Mitarbeiter waren mit wenigen Ausnahmen mehr oder weniger schlecht ausgebildete Hilfskräfte. Wir hatten einen Krankenpfleger, als ich anfing. Dessen Frau hat auch mitgearbeitet, sie war Krankenschwester. Die beiden konnte man als Fachpersonal im pflegerischen Bereich bezeichnen. Mit den genannten Krankenpflegehelferinnen und der Kindergärtnerin gab es einen sehr kleinen Personenkreis, der fachlich geschult war. Zusammen mit dem Arzt und dem Sonderschullehrer konnten wir zu diesem Zeitpunkt nur auf eine sehr überschaubare fachliche Kompetenz zugreifen. Dann gab es eine sehr besondere Gruppe unter den Angestellten, die hat man als ‚Halb-Angestellte' bezeichnet. Das waren Menschen, die zum Teil schon seit der Zeit des Dritten Reiches hier lebten, die eigentlich fit waren und die wir heute nie unter den Begriff ‚Behinderte' einordnen würden. Sie kamen aus unterschiedlichen Gründen in die Stiftung, und man übernahm sie in eine Art Angestelltenverhältnis. Halb-Angestellte nannte man sie, weil sie kein vollständiges Gehalt bekamen, aber ein Zimmer, Verpflegung und alles, was sie sonst zum Leben brauchten, wurden ihnen zur Verfügung gestellt. Das waren gute, sehr bescheidene Hilfskräfte. Da gab es jemand, der an der Pforte saß, andere haben in der Bäckerei mitgearbeitet, ein paar waren in der Wäscherei. Die eine oder andere unterstützte eine der Schwestern als Helferin auf einer dieser großen Gruppen. Sie waren einfach da, sie haben dazugehört und waren fester Personalbestandteil, auf den man sich verlassen konnte.

> „Die Schwestern stellten eine Gruppe für sich dar und verfügten über ein eigenes Kommunikationsnetz."

Ich war mir daher sehr schnell bewusst, dass wir auch ein ungeheures Defizit an Förderung, Entwicklung und Bildung hatten. Einschließlich der gravierenden Mängel bei der unmittelbaren Pflege. Und das andere, was ich als sehr belastend empfunden habe, war das enge Zusammenleben. Besonders aufgefallen ist mir das in der Liebenau selbst. Dort wurde zwischen Erwachsenen und Kindern kein Unterschied gemacht. In manchen Gruppen gab es

> „Das Defizit an Förderung, Entwicklung und Bildung musste behoben werden."

einen sichtbar großen Altersunterschied, der nicht gut war. Der Hegenberg war ein reines Frauenhaus. In den Gebäuden in Rosenharz lebten die Tuberkulosekranken, in einem eigenen, kleineren Haus eine kleine Gruppe von Menschen mit Behinderungen. Schließlich habe ich in der bestehenden Bausubstanz

Bürokratie,
um 1965

gravierende Mängel festgestellt und auch das Fehlen angemessener Wohnverhältnisse für die Menschen mit Behinderungen. Da wusste ich, dass mir eine Herkulesaufgabe bevorstand, die mir zwar nicht den Schlaf raubte, aber sehr schnell angegangen werden musste. Von meinen Vorstellungen im Januar 1968 blieb nicht mehr viel übrig. Ich musste handfeste Änderungen auf den Weg bringen, um eines Tages sagen zu dürfen: Bei uns leben Menschen mit unterschiedlichen Behinderungen gefordert, gefördert von gut ausgebildeten Fachkräften und in der Mitte der Gesellschaft."

Unmittelbar auseinandersetzen musste sich Norbert Huber sofort mit der Verwaltung und der Haushaltsführung der Stiftung, in die die Moderne bis dato noch keinerlei Einzug gefunden hatte:

„In der Verwaltung traf ich auf Schwester Aurelia. Sie war nicht nur die Jüngste, sondern war als Sekretärin des Direktors mit vielen verantwortungsvollen Aufgaben betraut. Schwester Aurelia hat unter anderem den wenigen Angestellten einmal im Monat das Gehalt ausbezahlt. Das hat man damals noch bar ausbezahlt. Ein Konto hatten die wenigsten. Eine andere Schwester hat die Buchhaltung gemacht, und eine dritte hat die Behinderten-Angelegenheiten verwaltet, also die Aufnahme der Menschen mit Behinderungen, die Verwaltung der Personalakten und anderes mehr. Sie hielt die Kontakte mit den Kostenträgern. Auch ihr Aufgabengebiet war sehr genau und verantwortungsbewusst zu bewerkstelligen. Das muss man sich heute vorstellen: Drei Ordensschwestern haben den gesamten Apparat betreut. Einen Haushaltsplan gab es nicht. Mein Vorgänger hat sämtliche Einnahmen und Ausgaben in seinem eigens dafür angelegten Notizbüchlein eingetragen. Das gibt es leider nicht mehr. Es wäre ein wundervolles Dokument von paternalistischer Haushaltsführung. Aber man könnte es ohnehin nicht lesen: Der gute Onkel Max hatte eine derartig kleine Schrift. Winzig klein. Deshalb benötigte er in seiner gesamten Amtszeit auch nur ein Notizbuch. Geld wurde nur ausgegeben, wenn man welches hatte. Kamen also 1000 Mark rein, hat er überlegt, was davon gekauft und wie viel für spätere Investitionen zurückgelegt werden sollte. Kredite aufzunehmen, um notwendige Investitionen zu finanzieren, war undenkbar. Und vor allem war er äußerst zurückhaltend mit der Annahme von öffentlichen Zuschüssen, weil zu befürchten war, nicht ganz zu Unrecht, wenn öffentliche Zuschüsse angenommen werden, dann gibt man ein Stück vom Eigentum der Stiftung ab. Das ist ja heute noch so: Wenn ich einen Zuschuss vom Land bekomme, dann ist dieser gebunden an die Vorgaben des Landes, die nicht zu ändern sind. Davor hatten mein Onkel und sein Verwaltungsrat größten Respekt. Dem wollten sie die Stiftung möglichst nicht aussetzen. Dieses Denken und Handeln hat natürlich eine Vorgeschichte, die im Dritten Reich ihre Wurzeln hatte. Meine Vorgänger hatten ja nun konkret erlebt, wie das ist, wenn eine Ein-

> „Das muss man sich heute vorstellen: Drei Ordensschwestern haben den gesamten Apparat betreut."

richtung beschlagnahmt, ihre Nutzung grundlegend verändert wird. Die Stiftung Liebenau wurde während des Dritten Reiches von den Nationalsozialisten wegen ihrer Haushaltsführung angegriffen. Der Vorwurf lautete, sie verwalte die öffentlichen Gelder nicht ordnungsgemäß. Diese Vorhaltung wurde in der Folge als Argumentation für Beschlagnahmungen eingesetzt. Und so hat man bis in die späten 60er-Jahre, also bis 1968 Herr Staiber und ich kamen, auf der Basis dieser Erfahrungen gewirtschaftet. Die Devise hieß: Sich bloß nie wieder vereinnahmen lassen! Von niemand. Dass die Stiftung ein verfügbares Kapital von zirka fünf Millionen Mark in der Hinterhand hatte, konnte ich bald in Erfahrung bringen. Das war fürs Erste sehr beruhigend, weil ich es als ein sehr großes Vermögen gesehen habe."

Ordensschwestern
Beim gemeinsamen Mahl im Austausch über den Alltag, 70er-Jahre

Der plötzliche Tod von Hubers Vorgänger offenbarte allerdings noch weitere Problembereiche, die bis zu diesem Zeitpunkt nicht gesehen worden waren, weil in den Augen des Verwaltungsrates ja alles ordnungsgemäß und sorgfältig verhandelt und umgesetzt worden war.

„Der Verwaltungsrat stand nach dem plötzlichen Tod von Direktor Max Gutknecht von einem auf den anderen Tag ohne Kompetenzen da und wusste nicht: Wer darf die Stiftung in der Öffentlichkeit vertreten oder eine Überweisung unterschreiben? Es gab keinen Stellvertreter. Das war nie ein Thema gewesen und bis dahin auch nicht notwendig. Daraufhin nahm der Vorsitzende des Verwaltungsrates, Pfarrer Zieher von Tettnang, das Heft in die Hand und sorgte dafür, dass er die Vollmacht erhielt. Er hat die Vakanz überbrückt und den Direktor vertreten.

Die Konstruktion in den fast 100 Jahren vor meiner Zeit ging so: Da gab es einen Direktor. Und es gab einen Verwaltungsrat. Das heißt, der Verwaltungsrat hat mit dem Direktor zusammen überlegt: Bauen wir das Haus? Benötigen wir noch ein Gewächshaus? Haben wir genügend Geld, um das zu finanzieren? Und der Direktor hat dann das, was der Verwaltungsrat beschlossen hat, ausgeführt. Dazu muss man wissen, meine beiden Vorgänger, die jeweils 15 und 40 Jahre im Amt waren, waren ausgesprochen starke Persönlichkeiten, die genau wussten, was sie wollten. Unter ihnen hat der Verwaltungsrat schon gemacht, was seine Direktoren vorgaben.

Diese Erfahrung, die der Verwaltungsrat, vor allem der Vorsitzende, gemacht hat, hat ganz schnell zu dem Beschluss geführt: Es muss künftig eine Stellvertretung für den Direktor geben, und es muss jemand sein, der die Verwaltung im engeren Sinn in die Hand nimmt. Und so wurde nicht nur die Stelle des Direktors ausgeschrieben, sondern gleichzeitig auch eine neue geschaffen: die Stelle eines Verwaltungsleiters. Ein absolutes Novum. Das fand ich sehr beruhigend. Es ersparte mir an dieser Stelle strukturelle Veränderungen erbitten zu müssen. Denn mich um Zahlen und Geld zu kümmern, hätte viel Zeit gekostet und mich davon abgehalten, die notwendigen ersten Veränderungen so schnell wie möglich in Angriff zu nehmen. Außerdem ist der Umgang mit Zahlen nie so ganz meines gewesen. Es war von Anfang an sehr gedeihlich, dies jemandem verantwortungsvoll in die Hände zu legen, der das beherrschte und mir damit ermöglichte, zu arbeiten, ohne dauernd schauen zu

„Für alle galt bisher: Der Direktor ist der Direktor. Er ist die allwissende Respektsperson."

müssen, ob der Pleitegeier schon über uns kreist. Zumal ich mir alles selber erarbeiten musste. Es war ja nicht so, dass die Mitarbeiter oder die Ordensschwestern auf mich zukamen und mich mit Problemen, Defizitanalysen, Verbesserungsvorschlägen oder gar erfreulichen Dingen vertraut gemacht hätten. Für alle galt bisher: Der Direktor ist der Direktor. Er ist die allwissende Respektsperson. Was er sagte und wollte, war Gesetz und wurde genauso gemacht. Sagte er nichts, passierte auch nichts. So ging die unausgesprochene Regel, die ich erst lernen musste, um sie später abzuschaffen. Das war eine ungeheuer große Verantwortung, die ich spürte und so bald als möglich ändern wollte. Ich habe schnell verstanden, wenn sich etwas ändern soll, dann muss ich das in die Wege leiten, sonst geht das weiter wie vorher auch, und das durfte nicht sein. Zumal sich um uns herum so vieles änderte, gerade im sozialen Bereich die Dinge neu und ganz anders gedacht und gelebt wurden. Die Lebenshilfe mit ihrem neuen Ansatz kam 1958 auf den Plan. Ihr Gründer Tom Mutters, den ich später sehr zu schätzen gelernt habe, hat die bestehende Behindertenhilfe heftig kritisiert und mit seiner eigenen Organisation für einigen Wirbel gesorgt. Sicher nicht zu Unrecht. Dieser Prozess, den Tom Mutters initiiert hatte, begann bereits zehn Jahre vor meiner Zeit, hatte allerdings in der Liebenau noch keine Auswirkungen gezeitigt. Einrichtungen wie die unsere mussten verstehen lernen, sich neuen Erkenntnissen nicht zu verschließen, sondern sie anzuschauen, gegebenenfalls in die eigene Arbeit zu integrieren oder gar die eigene Arbeit neu auszurichten. Für das neue Denken in der Hilfe für Menschen mit geistigen Behinderungen musste ich beginnen, neue Strukturen zu schaffen, sowohl formal wie auch inhaltlich. Dabei erschien es mir am wichtigsten, insbesondere unter den Mitarbeitern ein Gesprächsklima herzustellen, das dazu ermunterte, zu diskutieren und den besten Weg zu suchen. Aber auch neue Leute einzustellen, die neben ihrer Aufgabe in der Lage sein sollten, den Diskurs zu befördern."

> „Ich habe schnell ein Gesprächsklima hergestellt, das zu Diskussionen ermunterte."

> „Wichtiger war in meinen Augen jedoch die freiere und offenere Unterbringung für die Menschen mit Behinderungen."

Unmittelbar nach seinem Amtsantritt traf Norbert Huber daher eine Reihe von Entscheidungen, die ihm vordringlich erschienen, um die von ihm ausgemachten größten Probleme einer zeitnahen Lösung zuzuführen.

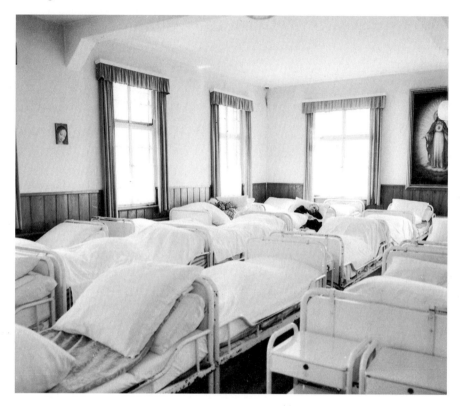

„Ich habe gesehen, wie die Leute untergebracht sind, also musste ich dringend handeln. Dazu gehörte ganz vordringlich die Situation Rosenharz, das damals eine Lungenheilstätte war. Und dazu gehörte ein Projekt, das bereits auf dem Tisch lag und von meinem Vorgänger vorbereitet wurde: der Bau einer Siedlung für Mitarbeiter unterhalb des Hegenberges. Wichtiger war in meinen Augen jedoch die freiere und offenere Unterbringung für die Menschen mit Behinderungen. Die Schlafsäle mussten ganz schnell aufgelöst werden. Und vor allem musste für die Kinder und Jugendlichen ein eigener Bereich geschaffen werden.

Wichtiges Ziel: *Schlafsäle so schnell wie möglich auflösen*

Fördern und Fordern II
Musikalische Gruppenarbeit

Außerdem musste ich überlegen: Was macht der neue Leiter der Verwaltung, wenn er kommt, was ist mein Zuständigkeitsbereich? Letzteres war relativ einfach für den Anfang. Ich entschied, dass Helmut Staiber, der mein Stellvertreter wurde, ausschließlich die Verwaltung in Gänze führen sollte und ich den gesamten Personalbetrieb, den pädagogischen Betrieb, die Seelsorge. Dann musste ich mir einen Überblick über die Mitarbeiter verschaffen. Zwei ragten sehr schnell besonders heraus: Herr Dr. Ehrmann als leitender Arzt und Herr Handl, das war der Leiter der Sonderschule. Wobei man sagen muss, mit dem Amt des Direktors war zugleich das Amt des Schulleiters verbunden. Das war eine rechtliche Frage. Ich weiß nicht mehr genau, auf welcher rechtlichen Grundlage das beruhte. Auf jeden Fall konnten Sonderschullehrer damals nicht die Schulleitung übernehmen, selbst wenn Herr Handl dies faktisch qua seiner Kompetenzen leistete. Und so hatte ich, für mich überraschend, auch noch eine Schulleitungsposition auszufüllen. Aber natürlich war das keine Situation, die auf Dauer so bleiben konnte. Die Herren Dr. Ehrmann und Handl hatten mich in den ersten Gesprächen darauf hingewiesen, dass die Menschen mit Behinderungen außer den hauswirtschaftlichen Tätigkeiten und der Mithilfe in der Haus- und Landwirtschaft sowie in den handwerklichen Einrichtungen keinerlei Beschäftigung und Förderung hatten und auch keinerlei pädagogische Maßnahmen Anwendung fanden. Es fehlte für die meisten ein strukturierter und sinnvoller Tagesablauf. Sie forderten mich deshalb auf, möglichst rasch eine Werkstatt für Behinderte einzurichten.

Und schließlich muss man sich das mal vorstellen: In der ersten Zeit stand mein Telefon am Bett. Wenn ich gerufen wurde, bin ich mitten in der Nacht raus in die Gruppen gegangen und habe geholfen, wenn es Probleme gab. Ich habe das gern gemacht, auch wenn es mir den Nachtschlaf geraubt hat, den ich so dringend brauchte. Aber auch an diesem Beispiel wird deutlich: Es fehlte hinten und vorne an Personal. Sowohl quantitativ wie auch qualitativ. Das hat mich sehr bedrückt. Ich habe mir auch große Sorgen gemacht, was passiert, wenn irgendeiner von den behinderten Menschen durch irgendeinen Umstand zu Tode kommt und niemand ist da. Das saß mir im Nacken. Gott sei Dank ist das nie passiert! Da haben wir Glück gehabt. Aber da wusste ich, die Betreuung und Pflege muss ganz schnell verlässlich und qualifiziert gesichert werden. Eigentlich musste ich drei Dinge gleichzeitig auf den Weg bringen:

> „Betreuung und Pflege musste ganz schnell verlässlich und qualifiziert gesichert werden."

1. Personal. Es musste mehr werden. Aber vor allem musste es qualifiziert werden. Das stand ganz oben auf der Prioritätenliste. Es gelang mir schon 1968, ein paar in meinen Augen qualifizierte Leute für die Liebenau zu gewinnen. Ich habe zum Beispiel Herrn Viertel eingestellt. Er war Oberpfleger im Landeskrankenhaus Zwiefalten und wurde bei uns der

direkte Ansprechpartner für die Gruppen. Herr Viertel hat auf jeden Fall verstanden, den Betrieb von so einem Haus ein bisschen zu organisieren und in den Gruppen Vorschläge zu machen, wie man bestimmte Dinge anders als bisher angehen könnte. Vor allem hat er eine bessere Einteilung des bestehenden Mitarbeiterstammes vorgenommen.

2. Bauliche Veränderungen waren dringend vorzunehmen, um die Lebensqualität für die Bewohner und damit auch für die Mitarbeiter zu verbessern. Der erste Schritt hierzu war, dass ich dem Verwaltungsrat die Auflösung von Rosenharz als Lungenheilstätte nahelegte, um das Gebäude in Gänze wieder für die behinderten Menschen nutzbar zu machen. Das wurde noch 1968 beschlossen. Es mussten jedoch die unterschiedlichen Interessen berücksichtigt werden. Wesentlich geholfen hat mir die Tatsache, dass die Belegung in Rosenharz nicht mehr wirtschaftlich war, weil die Tuberkulose als Krankheitsbild im Rückzug war. Das aber hatte zur Folge: Es wurden viele Patienten aufgenommen, die mit zusätzlichen Problemen belastet waren. So hatten wir vor allem Alkoholiker, sehr viele Obdachlose, also Nichtsesshafte. Das war eine tolle Mischung. Mein Hauptargument war allerdings: Wir sollten uns künftig qualitativ und quantitativ auf unsere eigentliche Aufgabe konzentrieren. Rosenharz wurde im Dritten Reich bekanntlich zu einem Lungenlazarett für die Wehrmacht umfunktioniert. Das war keine Entscheidung der Stiftung, sondern wurde andernorts verfügt. Nach dem Zweiten Weltkrieg wurde das Lazarett in eine Lungenheilstätte umgewandelt. Sie weiterzuführen gehörte jedoch nicht zu unseren Aufgaben.

3. Strukturen mussten geschaffen werden, um den Gesamtbetrieb Stiftung Liebenau so aufzustellen, dass er zukunftsfähig wurde.

Am Anfang waren es oft nur kleine, jedoch für alle spürbare Veränderungen, die von den meisten auch als Erleichterung für ihren Arbeitsalltag wahrgenommen wurden. An solchen Entscheidungen haben alle gemerkt, es bewegt sich was. Und noch etwas habe ich sehr schnell verkündet, auch wenn man das eigentlich nicht erzählen darf. Ich habe gesagt: Liebe Schwestern, ab jetzt findet nicht mehr täglich um 6.30 Uhr ein Gottesdienst statt. Das ist mir zu früh. Ich schaffe das nicht. Und der liebe Gott wird das schon verstehen. Ich habe mit einem entschiedenen Widerstand der Ordensschwestern gerechnet. Aber im Gegenteil, sie waren über diese Entscheidung alles andere als unglücklich, denn auch sie hatten einen harten Alltag, den ich ihnen so ein bisschen erleichtern durfte.

In kurzer Zeit haben sich doch schon kleine Welten in unserer Liebenau verändert. Aber die kleinen reichten bei Weitem nicht, sondern erste große Schritte mussten zur gleichen Zeit unternommen werden. Nach der Auflösung der Lungenheilstätte in Rosenharz wurde dort umgebaut, Wohngruppen eingerichtet und damit Platz geschaffen für die erwachsenen Menschen mit Behinderungen, die von der Liebenau dorthin umzogen. Aus der alten Liegehalle für die Lungenkranken konnten wir eine recht ansehnliche Werkstatt für Behinderte machen. Und vor allem konnten wir für diesen Bereich einen eigenen verantwortlichen Leiter, Herrn Schmitz, finden. Er war ein erfahrener Krankenpfleger.

Auf dem Hegenberg haben wir ab 1969 für die Kinder und Jugendlichen geplant und von 1972 bis 1976 ein Kinder- und Jugenddorf gebaut. Das war eine große, millionenschwere Investition. Denn dort haben wir nicht nur Wohngruppen geschaffen, sondern ein neues, großes Schulgebäude und ein Therapiezentrum, das vom Schwimmbad über die Cafeteria bis zur Kapelle schon sehr gut ausgestattet wurde. Vor allem bekamen wir ein Gebäude für die Kinder- und Jugendpsychiatrie, in der behinderte Kinder mit auffälligem Verhalten behandelt werden konnten. Und dann gab es dort noch ein Haus St. Barbara, das für Kinder mit sehr schweren und mehrfachen Behinderungen geplant worden war. Und da Gebäude allein für eine gute Arbeit nicht ausreichen, gelang es nach und nach, für diese neue Einrichtung auch gute Mitarbeiterinnen und Mitarbeiter zu finden. An ihrer Spitze Herr Dr. Schulz für die Kinder- und Jugendpsychiatrie. Dann Frau von Ow, eine langjährig in der Jugendhilfe erfahrene Psychologin, für die Gesamtleitung und für die Schule Herr Dr. Dieterich, der auch offiziell die Schulleitung übernehmen konnte.

Grundsteinlegung Hegenberg, 1972
Von li. nach re.:
Stadtpfarrer Zieher,
Caritasdirektor Mohn,
Direktor Huber

Solche Kräfte bekam man übrigens nicht nur, indem man eine Ausbildungsstätte einrichtete. Man brauchte dafür gute Kontakte und Beziehungen, sollten die Besten angesprochen und für die Arbeit in der Liebenau begeistert werden. So stand eines Tages die Heilpädagogin Frau Aczel bei mir im Büro mit herzlichen Grüßen von Tom Mutters. Eine ungarische Heilpädagogin. Tom Mutters habe sie geschickt, weil er fand, beim Huber auf der Liebenau werde sie gebraucht. Sie war aus Ungarn weggegangen, weil sie unter dem dortigen Regime nicht mehr arbeiten konnte, wie sie es für richtig hielt. Frau Aczel war für die Kinder mit schweren Behinderungen ein wahrer Segen und für ihre Mitarbeiterinnen eine hervorragende Lehrmeisterin. Wenn auch ein bisschen streng manchmal. Oder Herr Kaufmann, den ich aus meiner Zeit in Stuttgart kannte. Er studierte in der Schweiz Heilpädagogik im Geiste von Paul Moor. Ein leiser, aber sehr bestimmter Mann, bei dem die Kinder und Jugendlichen einen festen Halt lernten."

Bei der Arbeit auf dem Hegenberg wuchs das Bewusstsein, die Stiftung Liebenau habe für alle Menschen mit einer geistigen Behinderung offenzustehen, und ihre Pflege, Behandlung und Förderung sind herausragende Markenzeichen der Stiftung.

Auf dem Symposion der internationalen Vereinigung zugunsten geistig Behinderter im März 1976 hielt Norbert Huber einen Vortrag über die Funktion der stationären Einrichtung in der Gesamtversorgung geistig Schwerbehinderter. Hier betont er: „Die Lebensgemeinschaft einer Anstalt" – Anm. d. Verf.: Der Begriff ‚Anstalt' wurde zu dieser Zeit noch verwendet – „schließt immer den schwerst geistig Behinderten mit ein, auch jenen, der so schwer behindert ist, dass man ihn nirgendwo mehr brauchen kann. Außerdem hat die Lebensgemeinschaft einer Anstalt auch für die Behinderten einen Platz, welche durch ihre Verhaltensauffälligkeiten und ihre Eigenarten in den Elternhäusern und Tageseinrichtungen nicht mehr tragbar sind. Gerade aber wegen der Integration dieser Schwerstbehinderten benötigt die Anstalt auch die Gruppe der weniger Behinderten, um sich nicht zum Ghetto der Schwächsten der Schwachen zu entwickeln."[4]

Die notwendige Neuvermessung des Feldes „geistige Behinderung" bedurfte eines großen Netzwerkes zur Bewältigung dieser Aufgabe.

3

"GEMEINSAM HABEN WIR VIEL ERREICHT"
DER NETZWERKER UND DIE PROFESSIONALITÄT DES LEARNING BY DOING

> „Die hoffnungsvollen Ansätze einer heilpädagogischen Förderung und Bildung schwachsinniger Kinder des ausgehenden 19. und beginnenden 20. Jahrhunderts waren im Deutschland der dreißiger und vierziger Jahre zum Erliegen gekommen. Geistige Behinderung als eine eigene Weise menschlicher Existenz gab es damals nicht, weder dem Begriff noch der Sache nach. Die zwischen 1966 und 1970 erschienenen Bücher von Theo Vetter, Alexander Sagi, Heinz Bach und Otto Speck und die Gründung der ‚Lebenshilfe für das geistig behinderte Kind' (1958) vermittelten mir erst, was geistige Behinderung bedeutet. (…) Dass Menschen mit einer geistigen Behinderung verborgene Fähigkeiten haben und wie diese zu entfalten und zu fördern seien, musste man für sich selbst erst entdecken und lernen, mit ihnen umzugehen. Das war aber auch eine Chance. Denn die notwendige Neuvermessung des Feldes ‚geistige Behinderung' sicherte über viele Jahre den sozial- und heilpädagogischen Bemühungen den Vorrang vor den nicht geringen personellen und finanziellen Problemen."[5]

Die von Norbert Huber beschriebene „Neuvermessung" konnte natürlich nicht von ihm allein bewerkstelligt werden. Er verschloss nicht die Augen vor der Tatsache, dass auch er zunächst nur ein Laie war, der zwar Erfahrungen in der Arbeit mit jungen Männern und Schülern mitbrachte, dass aber ansonsten weder er selbst noch seine Mitarbeiterinnen und Mitarbeiter wirklich wussten, wie man über die Pflege hinaus Menschen mit geistigen Behinderungen fördern oder fordern sollte. In der Satzung, die ihm Grundlage war, wurde der Zweck der damaligen Heil- und Pflegeanstalt Liebenau wie folgt beschrieben: Betreut werden sollen „Menschen, die sich nicht selbst durchs Leben bringen können". Wie diese Betreuung vonstattenzugehen hatte, blieb weitgehend im Dunkeln. Aber es gab zu diesem Zeitpunkt schon eine Reihe von im Bereich der Behindertenhilfe aktiven Persönlichkeiten, die bereits begonnen hatten, sich des Themas anzunehmen. Norbert Huber wurde in den folgenden Jahren Initiator und treibende Kraft eines Netzwerkes, das sich aktiv um die Entwicklung der Hilfen für Menschen mit geistigen Behinderungen bemühte. Der kollegiale Austausch, regelmäßige Tagungen zu Einzelfragen, das Bilden einer Lobby für Menschen mit geistigen Behinderungen, die im politischen Raum Entscheidungsdruck entfaltete und vieles erreichte, was bis dahin undenkbar gewesen ist – Norbert Huber hat sich zunächst als Lernender, Zuhörender und mit schnell wachsender Erfahrung auch immer mehr als sach- und fachkundiger Anwalt für Menschen mit geistigen Behinderungen eingebracht. Er übernahm 1971 den Vorsitz des „Verbandes Katholischer Einrichtungen für Lern- und Geistigbehinderte", der auf den Zusammenschluss von Einrichtungen für geistig behinderte Menschen in der deutschen Caritas von 1905 zurückgeht, aber während des Nationalsozialismus aufgelöst werden musste und erst 1969 wieder gegründet wurde.

> „Geistige Behinderung als eine eigene Weise menschlicher Existenz gab es damals nicht."

„Ich erfuhr bis zu meinem Ausscheiden 1992 den Verband als ein hilfreiches Instrument, um die Angelegenheiten behinderter Menschen voranzubringen und die Zusammenarbeit derer zu fördern, die sich für behinderte Menschen einsetzten. Aus den vielen Aktivitäten des Verbandes möchte ich einige wenige benennen, denn sie zeigen die Entwicklung der Behindertenhilfe jener Jahre. Etwa die Themen der Jahrestagungen. 1970: ‚Unser Partner – der behinderte Mensch. So viel Integration als möglich und nur so viel Separation als nötig' oder 1971: ‚Eingliederung Behinderter, insbesondere Hilfen für Geistig-Schwerstbehinderte'. Dazu gehörten auch die Kurse mit der Fortbildungsakademie

Norbert Huber
Dankesrede anlässlich
der Verleihung des Bundes-
verdienstkreuzes am Bande
1982

des Deutschen Caritasverbandes für die leitenden Mitarbeiter. Hier entstand über Jahre wie nebenbei ein segensreiches fachliches Beziehungsgeflecht. Aus diesem Grund habe ich auch ganz bewusst den Vorsitz im Fortbildungsausschuss des Deutschen Caritasverbandes übernommen.

In knapp 20 Jahren bis 1984 haben sich die Mitgliedseinrichtungen von anfänglich 94 auf 670 erhöht. Daran mag man ermessen, wie wichtig dieser Verband für die Gesamtentwicklung geworden ist. In Baden-Württemberg haben Peter Schlaich, der damalige Direktor der Diakonie in Stetten und Nachfolger seines Vaters Ludwig Schlaich, dessen Verdienste für die Behindertenhilfe im Südwesten außerordentlich waren, und ich 1969 die sogenannte ‚Anstaltsleiterkonferenz' aus der Taufe gehoben. Zunächst war das ein Zusammenschluss der Leitungen von evangelischen und katholischen Einrichtungen. Später kamen noch Vertreter der anthroposophischen Einrichtungen und der Lebenshilfe dazu. Wir haben jährlich zwei- bis dreimal zu Konferenzen geladen, um wichtige anstehende Fragen und Probleme zu besprechen. Peter Schlaich und ich haben diese Konferenz wechselseitig präsidiert und koordiniert. Die Anstaltsleiterkonferenz, die übrigens völlig ohne Geschäftsordnung und Satzung auskam, hatte im Land und beim Landtag einen beträchtlichen Einfluss und konnte dank ihres Ansehens und ihrer Beziehungen in der Behindertenhilfe einiges bewegen. Besonders wichtig war die Abstimmung für ein Vorgehen, um unsere Forderungen an die Sozialpolitik im Land möglichst einvernehmlich und damit nachdrücklich und erfolgreich zu vertreten. Die Anstaltsleiterkonferenz verstand sich als Lobby für die den Einrichtungen anvertrauten Menschen und hatte immer das Ziel, sie bestmöglich zu unterstützen. Daneben war es uns auch immer wichtig, den fachlichen Diskurs zu führen. Da gab es ja durchaus verschiedene Ansätze, die kennenzulernen und zum Teil für die eigene Einrichtung zu übernehmen war genauso wichtig. Ich behaupte, die Anstaltsleiterkonferenz war ein ganz wesentliches Instrument, um in Baden-Württemberg in wenigen Jahren sehr viel zu erreichen."

> „Die Anstaltsleiterkonferenz hatte im Land und beim Landtag einen beträchtlichen Einfluss."

Norbert Huber wurde häufig als Redner zu Tagungen geladen und bezog dort Position zu verschiedenen Fragen. So auch 1979 bei der 9. Studientagung der Bundesvereinigung der Lebenshilfe für geistig Behinderte e.V., wo er folgende Thesen zur „Versorgung und Förderung schwer geistig Behinderter in Vollzeiteinrichtungen"[6] vortrug, die auch Grundlage waren für Verhandlungen im politischen Raum und seine Vorstellungen einer modernen Einrichtung verdeutlichen:

Zuhören und lernen
Norbert Huber mit Mitarbeitern um 1980

„1. Vollzeiteinrichtungen – auch Anstalten genannt – stellen eine übergreifende Organisationseinheit von Regel- (z. B. Sonderschule, WfB, Wohnheime) und Spezialeinrichtungen (z. B. Krankenhaus, Kurzzeitpflege) sowie verschiedenen Förderungsangeboten dar.
2. Innerhalb der Rehabilitationskette für geistig Behinderte ist die Anstalt integrierender Bestandteil und bildet mit ihren differenzierten Fachdiensten und Betreuungsangeboten, die auch ambulant genutzt werden können, einen besonderen Schwerpunkt. Eine ihrer wesentlichen Aufgaben ist die individualisierte und durchgängige Förderung und Versorgung schwer geistig Behinderter.
Indikationen für eine Aufnahme in eine Anstalt sind:
– Ausfall oder geringe Belastbarkeit der Familie des Behinderten.

– Erfordernis einer umfänglichen körperlichen Pflege bzw. ständigen ärztlichen Betreuung des Behinderten.
– Überforderung der Familie oder der Tageseinrichtungen (Schule oder WfB) durch die Schwere der Behinderung oder die Mehrfachbehinderung, insbesondere bei zusätzlichen Verhaltensstörungen oder Sinnenbehinderungen größeren Ausmaßes.

Porträts im Liebenauer Schloss
Norbert Huber und sein Kollege Helmut Staiber

3. Bei schwer geistig Behinderten sollte primär nicht eine lückenlose Funktionstüchtigkeit, sondern persönliches Wohlbefinden, menschenwürdiges Zusammenleben, und – soweit möglich – bewusste Eigenständigkeit der Person und soziales Handeln durch erzieherische und individualisierende Maßnahmen angestrebt werden.
Voraussetzung hierfür ist ein umfassendes, sinnvoll gegliedertes Angebot von interdisziplinären Hilfen, welche Entwicklungsstand, Art und Grad der Behinderung und die persönlichen Bedürfnisse des Behinderten berücksichtigen.

Diese Hilfen müssen eingebettet sein in einem für die Behinderten überschaubaren Lebensraum mit reichen emotionalen und sozialen Anregungen.

4. Die verschiedenen Einrichtungen und Fachdienste einer Anstalt sind nicht additiv aneinandergereiht, sondern untereinander verbunden und im Anstaltsgefüge integriert. Dadurch wird eine nach Orten und Methoden unterschiedliche Erziehung des Behinderten weitgehend vermieden und eine ganzheitliche, kontinuierliche und allseitig durchlässige Förderung und Bildung möglich.
Besonders wichtig ist dabei die enge Verbindung der Förder- oder Therapiesituation mit den alltäglichen, lebenspraktischen Verrichtungen im Wohnheim. Dadurch wird einerseits die fortwährende Übertragung erlernten Verhaltens in den Alltag und andererseits die nötige Rückmeldung an die Fachdienste gewährleistet.

5. Der Lebensraum und die darin integrierten fachlichen Hilfen werden in der Anstalt nicht nur zeitweise, sondern lebensbegleitend angeboten. Der schwer geistig Behinderte bedarf einer langfristigen Förderung, die besonders auch das Erwachsenenalter einschließt, um auch dann noch Entwicklungen möglich zu machen, erlangte Fertigkeiten zu erhalten und eine bescheidene Selbstständigkeit und soziale Eingliederung dauerhaft zu sichern.

6. Die Anstalt bietet für den schwer geistig Behinderten einen überschaubaren Lebensraum. Das heißt begrenzte Freizügigkeit und notwendiger Schutz. Selbstständigkeit und unerlässliche Hilfe sind angepasst an die Bedürfnisse des Behinderten. Dabei ergibt sich aus dem Zusammenleben von Behinderten unterschiedlichen Grades sowie von Behinderten und Nichtbehinderten eine soziale Struktur, die einem normalen Gemeinwesen vergleichbar ist, aber den Schwerstbehinderten nicht überfordert.

7. In der Anstalt sind unterschiedliche Lebens- und Arbeitsfelder vorhanden, in die sich die Menschen mit Behinderungen nach ihrem Entwicklungsstand und ihren Fähigkeiten eingliedern können. Auf diese Weise werden unterschiedliche Funktionen und Rollen ausgeübt. Unter ihnen sind auch

für den schwer geistig Behinderten immer echte Funktionen und Rollen vorhanden. Dadurch erfolgt seine ‚innere Integration' im Gemeinwesen der Anstalt.

8. Die Anstalt steht grundsätzlich allen geistig Behinderten offen, in besonderer Weise aber den Schwerbehinderten. Dabei muss sie darauf achten, dass sie auch jenen einen menschenwürdigen Platz bietet, welche durch ihre Verhaltensauffälligkeiten und Eigenarten Elternhäuser, Tageseinrichtungen und die Öffentlichkeit überfordern.

Ihre ärztlichen und pflegerischen Dienste müssen für besonders pflegebedürftige und alte geistig Behinderte eine optimale Versorgung sichern.

9. Die Angehörigen schwer geistig Behinderter sind durch das Ausmaß der Behinderung, vor allem aber durch die Anforderungen der Pflege und Förderung sehr belastet. Ihre Beziehungen zum Behinderten sind daher meist ambivalent, d. h. entweder durch ein Übermaß an Bindung und Überbetreuung (Overprotection) oder durch Ablehnung bis zu Todeswünschen gekennzeichnet. Die Versorgung in einer Anstalt führt in diesen Fällen oft zu einer Objektivierung der Erziehung und Förderung, zu einer positiv-sachlichen Eltern-Kind-Beziehung und zu einer Entlastung der Familiensituation.

10. Die interdisziplinäre Zusammenarbeit der Fachleute und der Einrichtungen in einer Anstalt und der damit verbundene Erfahrungsaustausch ermöglichen die Theoriebildung und die Systematisierung von Erfahrungen. Daher haben Anstalten immer die Aufgabe, Ausbildungsstätten für eine praxisorientierte Ausbildung in der Behindertenpädagogik zu sein. Die Ausbildungsinhalte müssen besonders auch die Bedürfnisse der Versorgung und Förderung schwer geistig Behinderter berücksichtigen.

11. Die Anstalten dürfen nicht zum Ghetto schwer geistig Behinderter werden, indem sie ausschließlich die Versorgung dieser Behinderten übertragen bekommen. Offene Hilfen und Teilzeiteinrichtungen können in Zusammenarbeit mit Vollzeiteinrichtungen schwer geistig Behinderten ebenfalls eine umfassende Förderung und Versorgung bieten."

Der Redner
Norbert Huber, einer, dem man gern zuhört

„Mit dieser Art von Darlegungen haben wir, so gut es ging auch öffentlich, unsere Bedarfe deutlich gemacht. Wir haben gezeigt, dass sich alle Träger gemeinsam um die Weiterentwicklung der Einrichtungen zum Wohle der Behinderten und damit auch zum Wohle der Gesellschaft kümmern. Das hat immer wieder gewirkt.

Leider haben wir uns später mit den wachsenden Aufgaben und der damit einhergehenden hohen Arbeitsbelastung mehr und mehr voneinander entfernt – nicht inhaltlich, sondern weil einfach die Zeit fehlte. Die Treffen wurden immer weniger, und die inhaltliche Diskussion wich mehr und mehr den Bemühungen, die immer noch vorhandenen strukturellen Defizite in den Griff zu bekommen.

Norbert Huber war Initiator und treibende Kraft des Netzwerkes.

Dieser Prozess begann in den 90er-Jahren. Aber seitdem fehlt auch die gemeinsame Stimme, die abgestimmte Position zu drängenden Fragen der Behindertenhilfe. Wir kamen damals regelmäßig zusammen und haben uns dann entweder via Tagungen oder Veröffentlichungen öffentlich zu Wort gemeldet. Aber es braucht, wenn man in der Politik etwas erreichen will, sehr viel Geduld und entsprechenden Einfluss. Diese persönlichen Beziehungen in die Politik rein, die sind sehr wichtig. Vieles war damals einfacher, weil die Organisationsgrößen noch nicht

Hoher Besuch
Bundespräsident Richard von Weizsäcker besucht die Stiftung Liebenau, 12.9.1988

so ausgeprägt waren und die Durchlässigkeit in die Politik viel, viel größer war. Gemeinsam haben konfessionell geprägte Einrichtungen, Lebenshilfe und anthroposophische Einrichtungen eine gewisse Stärke gegenüber den Entscheidern in Bund und Land gezeigt. Das möchte ich unterstreichen. Jeder von uns hatte einen anderen Zugang, eine andere Einflusssphäre. Wir konnten uns also die Bälle immer wieder ganz gut zuspielen. Sicher, man begab sich auch immer in die Nähe von Vetternwirtschaft. Das war mir immer klar. Da habe ich schon aufgepasst. Heute könnte man auch die ersten Pflegesatzverhandlungen, wie wir sie damals geführt haben, so nicht mehr gestalten: Wir haben den zuständigen Mitarbeiter des Regierungspräsidiums zu uns in die Liebenau eingeladen. Erst haben wir mit ihm gevespert, dann haben wir darüber gesprochen, was wir brauchen, und am Ende des Gespräches hatten wir den Pflegesatz pro Person, den wir benötigten. Das war sehr einfach, fast schon gemütlich. Diese Form der Verhandlungen endete allerdings sehr schnell. Denn bald sah sich die öffentliche Hand den beständig wachsenden Einrichtungen gegenüber und stellte fest, dass ihr die Kosten aus dem Ruder liefen. Ab da gab es einen gewaltigen Handlungsbedarf. Schließlich musste auch der riesige Investitionsstau nicht nur bei uns, sondern bei allen Einrichtungen als öffentliche Leistung bewerkstelligt werden. Wir haben gefordert, die Politik musste die Rahmenbedingungen schaffen. In meiner ersten Zeit gab es noch den allgemeinen Pflegesatz ohne Differenzierungen.

„Wir haben unsere Bedarfe und Ziele öffentlich gemacht."

Das hat uns damals ermöglicht, intern zu entscheiden, wie wir die Mittel am besten einsetzen, und natürlich war der Verwaltungsaufwand so fast zu vernachlässigen. Wir haben sehr um den Erhalt des pauschalen Pflegesatzes gekämpft, weil der weit größere Gestaltungsfreiheiten unserer Arbeit ermöglichte. Diese Freiheiten gibt es nicht mehr, und die Verwaltung muss sich mit immer mehr Regelungen auseinandersetzen. Wenn ich zurückdenke, wir hatten auch sehr viel Arbeit mit den Anträgen, die wir an die verschiedenen Stellen geschickt haben, um Fördergelder zu bekommen, aber heute ist das eine Wissenschaft für sich. Ich finde immer noch: Es war eine Meisterleistung unserer Verwaltung, wie sie den Haushalt im Gleichgewicht hielt."

„Ich kann mit einigem Stolz sagen: Wir waren in Baden-Württemberg die Ersten, die dem Fachkräftemangel mit Ausbildungsangeboten begegneten."

4

„WIR HABEN VON ANFANG AN BEWUSST AUF QUALIFIKATION GESETZT"
VOM FÖRDERN UND FORDERN

Eindrücklich hat Norbert Huber geschildert, dass er bei seinem Amtsantritt feststellen musste, die in der Liebenau untergebrachten Menschen seien zwar mehr oder weniger gut versorgt, aber es fehlte an jeglicher Förderung, die auch jene einbezogen hätte, die man nicht in den hauswirtschaftlichen und handwerklichen Bereichen zur Selbstversorgung einsetzen konnte, sondern die mangels anderer Möglichkeiten meist in ihren Betten oder in den Gruppenräumen bleiben mussten und zu Teilen auch an Hospitalismus litten. Es fehlte bei den wenigen Beschäftigten und Ordensschwestern nicht an Willen; was fehlte, waren Qualifikationen, um den Menschen mit geistigen Behinderungen individuell gerecht zu werden, auch den schwerstbehinderten. Bestimmend war bis 1968 die medizinisch-pflegerische Grundversorgung. Diese war weiterzuentwickeln und auszubauen. Das Hauptaugenmerk richtete Huber zunächst auf die pädagogische und psychologische Unterstützung für ein Leben, das je nach Grad der Behinderung ein so weit wie möglich selbstbestimmtes werden sollte. Denn hier war das Manko übergroß. Norbert Huber hat sich dieses Problems sehr schnell sowohl inhaltlich als auch im Rahmen seiner Personalpolitik angenommen. In der Stiftung fanden ab 1969 mangels externer Ausbildungsstätten erste Ausbildungseinheiten für Heilerziehungshelferinnen und -helfer statt. Grundlage hierfür bildete eine Art Curriculum, das Ludwig Schlaich für die Diakonie Stetten erarbeitet hatte. Norbert Huber selbst und einige von ihm bereits eingestellte Kollegen begannen mit dem Unterricht.

> Bestimmend war bis 1968 die medizinisch-pflegerische Grundversorgung.

Die Bekanntmachung 10/69 für die Mitarbeiter der Liebenauer Anstalten gibt die hierfür wesentlichen Informationen:

> „Am Donnerstag, den 20. November 1969 beginnt die Schule für Heilerziehungspflege und Heilerziehungshilfe der Liebenauer Anstalten.
> Der erste Kurs stellt die Ausbildung zum Heilerziehungshelfer oder zur Heilerziehungshelferin dar und sollte Ende 1970 abgeschlossen werden. Die Mitarbeiterinnen und Mitarbeiter wurden in den vergangenen Wochen über den Aufbau der Ausbildung und ihr Ziel informiert. Es haben sich 20 Teilnehmer für den ersten Kurs gemeldet.
> Der Unterricht an der Schule für Heilerziehungspflege (kurz HEP-Schule genannt) beginnt am Donnerstag, den 20. November 1969 um 8.15 Uhr, vorläufig im früheren evangelischen Andachtsraum im Schloß.
> Der Unterricht ist jeweils am Donnerstag von 7.30 Uhr – 10.50 Uhr und von 14 Uhr – 17.30 Uhr. Einige Stunden, wie Turnen, Werken und Musik, werden außerhalb dieser Zeit stattfinden müssen. Näheres wird hierzu noch bekanntgegeben. Die Teilnehmer werden gebeten, zum Unterricht Schreibzeug und Papier mitzubringen.
> Der Unterricht ist berufsbegleitend und findet daher zum großen Teil während der Arbeitszeit statt.
> Den Unterricht erteilen zunächst folgende Herren:
> Dr. Ehrmann (Anatomie und sonstiger medizinischer Unterricht), Dr. Schulz (Psychiatrie), Direktor Huber (Psychologie, Heilerziehungslehre, Religion), Herr Altwicker (Spielen und Freizeitbeschäftigung), Herr Viertel (Krankenpflege und Berufskunde), Herr Bruckmann (Erste Hilfe und Sport), Herr Bruckmann (Werken und Gestalten), Herr Staiber (Rechts- und Staatsbürgerkunde), Herr Müller (Sport)."

„Die Teilnehmer werden gebeten, zum Unterricht Schreibzeug und Papier mitzubringen."

Für Norbert Hubert war dies ein notwendiger Anfang, der aber so nicht auf Dauer weitergeführt werden sollte, sondern ausgebaut werden musste.

Fördern und Fordern III
Junge balanciert
durch eine Seil-Schnecke,
70er-Jahre

„Ich konnte ja nicht eine Einrichtung dieser Größenordnung und mit diesen vielen Baustellen leiten und gleichzeitig mein ganzes Augenmerk auf die Ausbildung lenken, die ja viel Zeit und Konzentration braucht. Auch war uns als Ausbildungsteam sehr schnell klar, Heilerziehungshelfer können nur in der ersten Zeit wirklich hilfreich sein, was wir brauchen, ist viel mehr. Wir brauchen gut ausgebildete Heilerziehungspfleger und auch Jugend- und Heimerzieher. Wir brauchen eine Schule, die diese Ausbildungen anbietet. In dieser Zeit habe ich erfahren, dass die Franziskanerinnen von Sießen ihr Kindergärtnerinnen-Seminar verlegen wollten. Mein erster Gedanke war: Das kann man doch zusammen machen. Das Gespräch mit der zuständigen Generaloberin verlief positiv. Daraus entstand die Idee: Wir gründen ein Institut, das Heilerziehungspfleger, Erzieherinnen und Jugend- und Heimerzieher ausbildet und, wenn es möglich ist, auch Heilpädagogen. Der Zufall wollte es, dass zu dieser Zeit das Kolpinghaus in Ravensburg zum Verkauf stand. Das klingt jetzt sehr einfach. War es aber nicht. Ich musste schon viele von diesem Vorhaben überzeugen, denn die zu erwartenden Kosten waren immens und konnten nicht allein von der Kongregation der Franziskanerinnen von Sießen und der Stiftung Liebenau aufgebracht werden. Gewonnen habe ich schließlich den Caritasverband für die Diözese Rottenburg-Stuttgart und die Barmherzigen Schwestern von Reute e. V. – wir gründeten das Sozialpädagogische Institut als gemeinnützige GmbH und begannen mit dem Aufbau eines modernen Ausbildungszentrums für sozialpädagogische Berufe mit Sitz in Ravensburg. Hier sollten die künftigen Fachkräfte für die Liebenau qualifiziert werden. Wir nahmen den Unterrichtsbetrieb 1972 auf.

Die Leitung habe ich Dr. Josef Parsdorfer angetragen. Ich kannte ihn aus meiner Zeit als Internatsleiter und wusste, dass er dieser Aufgabe gewachsen sein würde. Er war zu dieser Zeit in Köln als Leiter einer Ausbildungs- und Fortbildungseinrichtung für Heim- und Jugenderzieher tätig und kam gerne zu uns in den Süden. Die Sießener Schwestern sind ein sogenannter Schulorden, der etwa das St. Agnes-Gymnasium in Stuttgart be-

„Eine gründliche Ausbildung ist Voraussetzung, das Miteinander zu gestalten."

treibt und über erfahrene Erzieherinnenausbilderinnen verfügte, aber auch schon über Sozialpädagoginnen. Das waren sehr qualifizierte Lehrerinnen. Für die Jugend- und Heimerzieher konnte ich einen erfahrenen Diplompsychologen gewinnen, für die Heilerziehungspfleger einen Sonderschullehrer mit ebenfalls viel praktischer Erfahrung. Dieser erste Lehrkörper war für die damalige Zeit hoch qualifiziert. 1975 kam dann noch ein ausgewiesener Heilpädagoge dazu. Ich kann mit einigem Stolz sagen: Wir waren in Baden-Württemberg die Ersten, die den Zusammenhang von gravierendem Fachkräftemangel und Mangel an entsprechender Ausbildung nicht nur erkannt hatten, sondern uns ist es vor allem gelungen, die Ausbildung verschiedener einschlägiger Berufe – Erzieherinnen, Heilerziehungspfleger, Jugend- und Heimerzieher und später auch Altenpfleger – miteinander zu vernetzen und so in angemessener Zeit auf breiter Ebene Fachpersonal für unsere Arbeit zu qualifizieren. Das war paradigmatisch. Ganz wichtig dabei: Wir haben diese Ausbildung von Anfang an auch berufsbegleitend angeboten. Heute nennt man das duale Ausbildung. Wir haben auf diese Weise auch eine gute Grundlage für die staatliche Anerkennung der Abschlüsse dieser Berufe und ihre entsprechende Eingruppierung in die Gehaltstarife geschaffen. Vielleicht waren wir sogar die Vorreiter der dualen Hochschulen, die in Baden-Württemberg ab 1974 auch für das Sozialwesen zum Beispiel in Villingen-Schwenningen gegründet wurden."

Am Ravensburger Institut folgte 1975 die Gründung des Seminars für Heilpädagogik. 1989 kam eine Fachschule für Altenpflege dazu. Seit 1994 wurden von einer eigens hierfür aufgebauten Abteilung Fortbildungen und Fachtagungen sowie anerkannte Fachfortbildungen angeboten. Vom ersten Tag bis zu seiner Pensionierung 1996 fungierte Norbert Huber als Geschäftsführer des Instituts für Soziale Berufe in Ravensburg.

„Das Institut würde ich schon als mein Lebenswerk bezeichnen, auf das ich gerne schaue. Heute findet man überall gute Leute, die bei uns ausgebildet wurden. Ich hatte immer das Ziel, nicht nur für uns in der Liebenau die Besten haben zu wollen, son-

Fördern und Fordern IV
*Ein Mitarbeiter unterstützt
bei handwerklicher Arbeit,
70er-Jahre*

dern ich wollte, dass unsere Arbeit Strahlkraft gewinnt und Berufe im sozialen Bereich attraktiv macht, die es bis dahin nicht gegeben hat. Das wollte ich für die Menschen, die so sehr auf uns angewiesen sind, wirklich so gut wie möglich machen. Das entspricht meinem christlichen Menschenbild.

Dabei darf man nicht vergessen: Wir haben 1972 den Lehrbetrieb aufgenommen und mussten natürlich selber noch lernen. Es gab ja, anders als heute, wenig, eigentlich keine Erfahrungswerte. Herr Dr. Ehrmann, der schon viele Jahre in der Liebenau praktiziert hatte, berichtete von immer wieder abgelehnten Anträgen durch die Verwaltung, mit denen er um die Einstellung von qualifizierterem Personal bat. Es war ja nicht so, dass man ihm keines geben wollte. Aber es gab schlicht niemand. Und wenn dann doch jemand eingestellt wurde, war es leider oft so, dass diese neuen Mitarbeiter schnell völlig überfordert waren, weil ihnen die Handlungsinstrumente fehlten. Und es war ja auch nicht so, dass sich niemand um eine dem jeweiligen Menschen mit Behinderung gemäße Beschäftigung gekümmert hätte. Aber es fehlte – ich wiederhole mich – immer an Wissen, wie man was tun könnte. Ich habe hier auch in Verantwortung für die Mitarbeiter gehandelt, die man ja nicht sich selbst überlassen kann, sondern auch ihnen muss man bestmögliche Förderung zukommen lassen. Und schließlich habe ich auch immer Sorge dafür getragen, dass es einen Austausch gab, dass neue Erkenntnisse möglichst vielen zugutekamen. Schließlich müssen die Mitarbeiterinnen und Mitarbeiter, die Verantwortung für die Gruppen tragen, an einem Strang ziehen. Das war nicht immer problemlos und bedeutete eine hohe Bereitschaft zur Kommunikation, zur Reflexion und Objektivierung. Das ist natürlich heute noch so und sollte immer so sein. Eine der Heimleiterinnen, Carla Gitschier, die sich sehr mit ihrer Arbeit identifiziert hat, schrieb in der Festschrift zu meinem 60. Geburtstag, (…) ich bin inzwischen zu der Überzeugung gekommen, dass die Heimbewohner einer Gruppe immer so schwierig sind wie das Team, das mit ihnen arbeitet'.[7] Ihre Aussage zeigt, wie selbstkritisch viele bei uns ihre Arbeit zu beleuchten wussten und

„Das Institut würde ich schon als mein Lebenswerk bezeichnen."

daraus Schlüsse zogen. Diese Festschrift ist eine wahre Fundgrube. Denn sie zeigt das große Engagement der Mitarbeiterinnen und Mitarbeiter, sich mit ihrer Arbeit grundsätzlich zu befassen und die besten Wege zu suchen. Es spricht übrigens für unser Verhältnis in der täglichen Zusammenarbeit, dass in dieser Festschrift eine ungewöhnliche Offenheit und Kritikfähigkeit zum Ausdruck kommt. Leider gibt es diese Schrift nur ein einziges Mal."

Fördern und Fordern V
Intensive Zuwendung
fördert Eigeninitiative

1971 veröffentlichte Norbert Huber einen Aufsatz[8], in dem er für die in der Bundesrepublik zu betreuenden Menschen mit Behinderungen, die allein in den evangelischen und katholischen Einrichtungen mit 60000 angeben wurden, einen Sofortbedarf von 17250 Heilerziehungspflegern feststellt, um eine entsprechende Betreuung zu garantieren. Diese Zahlen präzisiert er im weiteren Verlauf dieser Ausführungen:

„Dabei wurde nur angenommen, daß die Gruppen 8 Menschen mit Behinderungen umfassen und für eine Gruppe 2,3 Erzieher zur Verfügung stehen. Geht man davon aus, daß 0,5 % der Bevölkerung zu diesen Behinderten zu rechnen sind und die Hälfte davon einer institutionellen Betreuung bedarf, wird man in der BRD allein für die Betreuung des genannten Personenkreises 47.600 Erzieher benötigen. In den genannten Zahlen ist das Fachpersonal nicht eingeschlossen. Es darf aber nicht übersehen werden, daß die Heime für Behinderte, sollen sie ihren Aufgaben gerecht werden, auf das multidisziplinäre Team der Fachleute angewiesen sind. Zu diesen Fachkräften gehören heute, abgesehen von den Ärzten, Psychologen und Sonderschullehrern, die Heilpädagogen, Ergotherapeuten, Musiktherapeuten, Logopäden, Heilgymnastiker, Spieltherapeuten und Arbeitserzieher; Fachkräfte, die zunächst nicht mit dem Ziel ausgebildet wurden, bei Menschen mit geistigen Behinderungen zu arbeiten, die sich dort aber zunehmend ein Arbeitsfeld erschließen.

Wie schon angedeutet, ist die Ausbildung des Heilerziehungspflegers eine noch recht junge Ausbildung, und die wenigen Ausbildungsstätten (8 in Baden-Württemberg) können den Bedarf keineswegs befriedigen. Die Situation nötigt die Behindertenheime, nach Mitarbeitern aus anderen pädagogischen und pflegerischen Berufen Ausschau zu halten. (...)

Alle diese Mitarbeiter stehen dem Behinderten zunächst fremd gegenüber. Sie beginnen ihre Arbeit mit viel gutem Willen, werden dann unsicher und ungeduldig und geraten zuletzt in die Gefahr zu resignieren. In ihrer Ausbildung haben sie meist nur am Rande etwas vom behinderten Kind gehört und ganz selten einmal solche Kinder gesehen und mit ihnen gearbeitet. Es gelingt ihnen zunächst nicht, ihre pädagogischen Kenntnisse auf dieses ‚andere' Kind mit seinem ‚anderen' Lebensweg und Lebenshorizont anzuwenden. Dies erfordert, ein System der Praxisanleitung bzw. der Supervision Schritt für Schritt aufzubauen, innerhalb dessen pädagogisch ausgebildete, in dieser Arbeit aber unerfahrene Kräfte über ihre Erfahrungen reflektieren und sie so objektivieren können. Darüber hinaus wird man gerade diesen Mitarbeitern Gelegenheit geben müssen, ihre theoretischen Kenntnisse im Bereich der Psychiatrie, Psychologie und Heilpädagogik zu erweitern.

> Die Einsicht, daß es für den gesunden Menschen trotz aller theoretischen Kenntnisse schwer ist, sich in die Welt des Behinderten einzuleben und ihn zu verstehen, hat dazu geführt, die Ausbildung des Heilerziehungspflegers berufsbegleitend zu konzipieren."[9]

Norbert Huber lässt nie einen Zweifel daran: Eine gründliche Ausbildung ist notwendige Voraussetzung, um das alltägliche Miteinander von Menschen mit Behinderungen und Mitarbeiterinnen und Mitarbeitern zu gestalten. Gleichzeitig betont er die hohen Erwartungen an die Persönlichkeit der Mitarbeiter und Mitarbeiterinnen jenseits der Fachlichkeit. Unmissverständlich schreibt er:

> „Der Blick muss vom ‚Ich' gelöst und auf das ‚Du' gerichtet werden können. Hilfsbereitschaft, Einfühlungsvermögen, Verständnis und ein bedeutendes Maß an Kenntnissen und Fertigkeiten sollten weniger der Selbstbestätigung und beruflichen Befriedigung dienen, sondern vielmehr ihre Erfüllung im Dienst am Nächsten finden. Damit ist das Grundlegende, Gemeinsame unserer Tätigkeit angesprochen. Ohne ein gewisses Maß an sozialbestimmtem Berufsethos kann niemand auf die Dauer mit, bei und für geistig Behinderte arbeiten. Wo den Menschen mit geistigen Behinderungen das Bedürfnis nach Angenommensein auszeichnet, steht für den Helfenden die Forderung des Annehmens. Wo der geistig Behinderte nach Rücksicht verlangt, muß der Helfende Rücksicht üben. Wo der geistig Behinderte auf Förderung und Therapie angewiesen ist, soll der Helfende sachgemäß vermitteln und durchführen. Wo der geistig Behinderte den äußeren Halt in der Lebensführung benötigt, hat ihn der Helfende in gefestigter innerer Haltung zu leiten. Kurz gesagt: die Hilfebedürftigkeit des geistig Behinderten in den verschiedenen Bereichen seines Lebens und das Ziel seiner Rehabilitation (im weiteren Sinne) bestimmen allein über die Vielzahl der Anforderungen, denen die Helfenden genügen müssen."[10]

„Eine gründliche Ausbildung ist Voraussetzung, das Miteinander zu gestalten."

Fördern und Fordern VI
Werkstätten werden
eröffnet und ausgebaut,
70er-Jahre

Waren in den Anfangsjahren die Schaffung unterschiedlicher Qualifikationen, die Stärkung der Fachlichkeit und der Aufbau von Ausbildungsstätten bestimmend, reflektiert Norbert Huber 20 Jahre später und um viele Erfahrungen reicher das Erreichte.[11] Einerseits freut er sich darüber, dass in die Entwicklung der Fachhochschulen beträchtlich investiert wurde, beklagt aber die in diesem Zuge vorgenommene Vernachlässigung der Ausbildungen auf Fachschulebene, deren konzeptionelle Weiterentwicklung in seinen Augen

Fördern und Fordern VII
Sprachlabor
Ende 70er-Jahre

zu wenig stattfand. Außer Acht gelassen werde, dass gerade diese Schulen die Basis für die stationären Einrichtungen und in zunehmendem Maße auch für offene Dienste ausbildeten. Und er fordert, nicht noch weitere Differenzierungen in Fachlichkeit und Ausbildungssystem vorzunehmen, weil er befürchte, dies führe zu Spezialisierungen, deren inhaltliches Spektrum eng begrenzt sei, und er plädiert für eine gemeinsame Grundausbildung aller, auf der dann die weiteren fachlichen Ausbildungen aufbauen sollten. Er nimmt auch weitsichtig Bezug auf die so genannten Helferausbildungen:

> „Vor bzw. unterhalb dieser Ausbildungsebenen (Anm.: Gemeint sind hier die Fachschulen, Fachhochschulen und Hochschulen) gibt es sogenannte Helferausbildungen, die in ihrem Profil häufig unklar und immer wieder umstritten sind. (...)
> Für diese Helferausbildungen müssen dringend ihre Aufgaben und Tätigkeiten sowie ihre Zuordnung zur Vollausbildung beschrieben werden. Sonst geraten sie in die Gefahr, daß ihr Bedarf durch fiskalische Gesichtspunkte bestimmt wird und auf diese Weise das Niveau der Vollausbildungen unterlaufen wird. Es kann nicht angehen, dass die Helfer und Helferinnen nur im Notfall und dann als Ersatz für vollausgebildetes Personal gebraucht werden."[12]

Wie richtig dieser Einwurf 1990 gewesen ist, zeigen die gravierenden Einschnitte, die mit dem Beginn der Finanzierungskrise der Sozialsysteme in den 80er-Jahren und dem Zwang zur Kostendämpfung begannen. Norbert Huber konnte warnen, aufhalten konnte er sie nicht.

„Ich habe mich immer wieder gefragt: Nach welchen Kriterien handele ich? Was war vor mir? Was soll durch mich werden?"

5

„DER MENSCH MIT BEHINDERUNGEN IST MEIN PARTNER"
IN UNSERER MITTE – DER MENSCH

Was er anpacken musste, welche Maßnahmen er zu ergreifen hatte, um die Stiftung Liebenau in eine tragfähige und den Menschen mit geistigen Behinderungen als Individuen gerecht werdende Zukunft zu führen, all das hat Norbert Huber bald erkannt und in die Hand genommen. Die innere Einstellung, seine eigene Haltung und die seiner Mitarbeiterinnen und Mitarbeiter zu den Aufgaben, die den Alltag vor seiner Zeit bestimmten und die jenen bestimmen sollten, dem Norbert Huber Schritt für Schritt eine neue Richtung gab, das erschien ihm als ein Prozess, den er zunächst für sich selbst erarbeiten musste.

„An anderer Stelle habe ich schon gesagt, der Direktor bestimmte alles. Was er sagte war Gesetz und musste befolgt werden. Das ist eine außerordentliche Verantwortung. Mache ich Fehler, dann leidet das ganze Gebilde Stiftung Liebenau darunter. Das hat mich sehr belastet.
Ich habe mich immer wieder gefragt: Nach welchen Kriterien handele ich? Was war vor mir? Was soll durch mich werden? Ich repräsentiere die Stiftung nach innen und nach außen, also muss auch ich derjenige sein, der der Stiftung ein Gesicht gibt, ihr die Richtung vorgibt und dabei nicht vergisst, alle mitzunehmen. Ich darf mich nicht im Aufbau der Strukturen verlieren. Natürlich sind sie unendlich wichtig, aber nicht alles. Wo stehe ich? Wo will ich hin? Wie kann ich auf diesem Weg alle mitnehmen? Sie motivieren? Ihnen, den Mitarbeitern wie den behinderten Menschen, Raum geben, eigeninitiativ zu

> „Mache ich Fehler, dann leidet die ganze Stiftung Liebenau darunter."

werden? In diesen Selbstfindungsprozess bin in nach dem ersten Jahr intensiv eingetreten. Ich habe am Anfang ja niemanden gehabt, mit dem ich mich hätte auseinandersetzen können. Das hat mir gefehlt.

Ein Teil dieses Prozesses manifestiert sich schon 1970. Es stand das 100-Jahr-Jubiläum der Stiftung Liebenau an. Ich fühlte mich also verpflichtet, den Blick zurück zu richten und gleichzeitig nach vorn. Den Blick nach vorn wies damals Professor Albert Görres, selbst Vater eines behinderten Kindes, mit seinem bedeutsamen Festvortrag. Er stand unter der Überschrift ‚Unser Partner – der behinderte Mensch.' Als Grundlage für diese Partnerschaft forderte er Gerechtigkeit gegenüber dem Menschen mit Behinderungen. Diese Gerechtigkeit müsse sich u. a. auch auf eine sachlich-fachliche Hilfe stützen, betonte er. Und weiter: Die Partnerschaft mit den behinderten Menschen sei unvollständig, wenn wir ihnen gegenüber nicht dankbar seien dafür, dass sie uns mit ihrer undurchschauten Not und Hilfsbedürftigkeit, ihrem an Herz greifenden Vertrauen, ihrer demütigen Dankbarkeit und Freude, ihrem einfältigen Glücklichseinkönnen auch anerkennen. Weil ich 1970 den Weg der Stiftung, wie ich ihn für richtig halte, aufzeigen wollte, konnte ich dabei die Augen vor der jüngeren Geschichte nicht verschließen, denn sie war es maßgeblich, die diesen langen Stillstand in der Entwicklung seit den 30er-Jahren, diese Lähmung und die immer noch spürbare Traumatisierung der Menschen in der Liebenau auslöste und bestimmte. Auch wenn die intensive Aufarbeitung der Euthanasie während des Nationalsozialismus erst in den 80er-Jahren begonnen hat, so habe ich mich doch verpflichtet gefühlt, damit zu beginnen, die Erinnerung und das Sprechen über diese Zeit zu befördern. Von den etwa 501 Überlebenden waren ja noch viele unter uns, und auch viele Schwestern mussten seit Jahrzehnten mit den Geschehnissen dieser Zeit leben. So habe ich beschlossen: Wenn wir die Kirche sanieren, dann werden wir dort auch einen Gedenkstein setzen. Ich bin mit allen Besuchergruppen und bei den ersten Einführungen von neuen Mitarbeitern immer zu diesem Gedenkstein gegangen und habe damit die Erinnerung auf-

„Ich sah es als meine Pflicht an, die Aufarbeitung der Euthanasie zu beginnen."

Broschüre
Norbert Huber forcierte die Aufarbeitung des Nationalsozialismus und der Folgen für die Liebenau

rechterhalten und jenen, die davon nichts wussten, aufzeigen müssen, wie nah der Abgrund manchmal ist.
Bis zur ersten Veröffentlichung sollte es noch 20 Jahre dauern. Wir haben zum 50. Jahrestag dieser ungeheuerlichen Verbrechen eine kleine Schrift herausgegeben, die zwar keine Wiedergutmachung an den 501 ermordeten Menschen mit geistigen Behinderungen und ihren Familien sein konnte, aber zur Sichtbarmachung ihres Leides beitrug. Wir haben ihr den Titel ‚Lebenswertes Leben'[13] gegeben."

In seinem Vorwort spricht Norbert Huber von der Kostbarkeit des Lebens, die „besonders junge Menschen motivieren (soll), den Wert menschlichen Lebens vorbehaltlos anzuerkennen und auch zum beschädigten und behinderten Leben ein uneingeschränktes ‚Ja' zu sagen. Diese positive Einstellung zum behinderten Leben muss einschließen, ihm Lebensqualität zuzugestehen und es durch unseren personellen und materiellen Einsatz zu fördern." Dies ist mehr als ein Appell. Dies ist eine Haltung, die Norbert Huber vorlebt und

Lebensfreude von seinen Mitarbeiterinnen und Mitarbeitern durchaus einfordert. Er hielt es für „eminent wichtig" für die Einstellung der Mitarbeiter gegenüber den Menschen mit Behinderungen, auch die Euthanasie als Teil der Stiftungsgeschichte bewusst zu machen. Die Mitarbeiter mussten ja in den 70er-Jahren erst lernen, die Menschen mit Behinderungen als gleichwertige Menschen zu sehen und nicht mehr als Schwachsinnige und Idioten, die gut zu verwahren sind, und Norbert Huber führt weiter aus:

> „Lebenswertes Leben ist Leben, das wert ist, gelebt zu werden. Das setzt nach dem Empfinden der meisten Menschen voraus, dass Gesundheit und Wohlbefinden, bescheidener Erfolg und ein wenig Glück, materielle Sicherheit und Zufriedenheit zu erwarten oder gegeben sind. Darin sieht man heute die Grundlage für ein geglücktes und damit wertvolles Leben.

Unglück, Mangel, Not, Krankheit und Behinderung, kurzum Leid, beeinträchtigen das Leben und lassen die Frage nach dessen Sinn und Wert aufkommen. Wir meiden das Leid nicht nur bei uns selbst. Das Leiden anderer macht uns unsicher, hilflos und erinnert uns an die Zerbrechlichkeit des eigenen Glückes. Darum fragen wir angesichts fremden Leides, angesichts behinderter, kranker und alter Menschen: Ist dieses Leben wert, so wie es ist, gelebt zu werden? Wer wagt auf diese Frage eine Antwort? Gibt es überhaupt Kriterien, die den Wert menschlichen Lebens bestimmen? Das Leben eines Menschen hat einen Wert in sich.
(...)
Wie kostbar das Leben ist, äußern Menschen, die nach schwerer Krankheit wieder genesen sind oder die trotz aller Gebrechlichkeit ihre Altersjahre bewusst leben. Sie reden vom Leben, das ihnen wiedergeschenkt wurde, und davon, dass jedes Jahr ein Geschenk sei. In dieser Rede wird deutlich, dass Behinderung, Gebrechlichkeit, Krankheit und Tod die Folie und der Hintergrund sind, auf denen wir das Glück des Lebensgeschenkes erfahren."[14]

> „Das Leben eines Menschen hat einen Wert an sich."

Als Norbert Huber dieses Vorwort schrieb, hatte er seinen Selbstverständigungsprozess, was das Leitmotiv der Stiftung Liebenau anging, längst abgeschlossen und mit sicherer Hand auf alle Bereiche der Stiftung Liebenau übertragen. Ein Element dieses Prozesses war die Findung eines übergeordneten Zeichens, eines Logos, das auch nach außen hin wirken sollte. Norbert Huber fand 1969 in Roland Peter Litzenburger[15], einem seit 1964 in Markdorf beheimateten Grafiker, Maler und Bildhauer, den Gesprächs- und Streitpartner, der in dieser Frage für ihn wichtig wurde.

„Wir haben in unserer christlichen Sozialisation immer das Bild der Barmherzigkeit. Aber das war eben ein Barmherzigkeitsbegriff, der von oben nach unten ging. Ich fand aber, wir brauchen ein Verständnis unseres Tuns und Handelns, das ein bisschen anders ist als das bisherige. Das vorher war ja nicht schlecht,

Aus dem Bilderzyklus „Über den Barmherzigen Samariter"
Roland Peter Litzenburger

aber ich fand es nicht mehr zeitgemäß. Es ist doch ein gravierender Unterschied, ob ich sage, der arme Kerl da unten kriegt jetzt von mir ein ‚Zehnerle' oder ob ich sage, der kann sich sein ‚Zehnerle' selber erarbeiten, wenn ich ihn dazu befähige, wenn ich ihn ernst nehme. Wenn ich ihm zeige, dass er ein Stück weit Eigeninitiative entwickeln kann. Hier beginnt die Augenhöhe. Dafür muss der eine aufstehen und der andere sich nicht mehr bücken. Das wollte ich bildhaft ausdrücken.

Auf dem Katholikentag 1964 hatte ich den Künstler Roland Peter Litzenburger kennengelernt. Einen streitbaren Geist, der mir gut gefiel. Er hatte den Einband der Bibel für den Katholikentag 1964 in Stuttgart gestaltet, von dem ich beeindruckt war. So kamen wir ins Gespräch. Er lebte in Leimbach bei Markdorf. Daran habe ich mich wieder erinnert, als ich auf der Suche war nach jemandem, der mir hilft, das Logo zu erschaffen. Er hatte einen Bilderzyklus geschaffen über den barmherzigen Samariter. Eines der Bilder aus diesem Zyklus wurde die Vorlage für das künftige, bis heute gültige Logo der Stiftung Liebenau.

Die Nächte, die wir miteinander um die beste Lösung gerungen haben, werde ich nie vergessen. Wenn man die Originalgrafik sieht, dann erkennt man: Der Samariter beugt sich über den am Boden Liegenden. Ich wollte aber, dass der Liegende ebenfalls steht, und zwar dem Samariter gegenüber. An dieser Stelle hat übrigens mein eigener Denkprozess erst so richtig begonnen. Wir haben also den Liegenden langsam aufgerichtet, und daraus ist das abstrakte Logo entstanden. Das hört sich jetzt so einfach an. Dieser Litzenburger hatte aber seinen eigenen Kopf. Wir haben in seinem Atelier viele, viele Stunden darum gestritten. Während dieser Gespräche hat er nebenher immer Skizzen gemacht. Was ist eigentlich der Mensch? Besteht der vor allem aus Verstand? Was ist mit dem Menschen, der keine Vernunft hat, der keinen Verstand hat? Ist das noch ein Mensch? Über diese Fragen sind wir immer tiefer in die Materie eingestiegen. Für mich hat sich in diesen Nächten vieles geklärt, was zwar eigentlich immer klar gewesen ist, aber vorher nicht übertragen wurde auf die Lebenssituation in der Liebenau. Theologisch und philosophisch steht fest: Der Mensch ist eine Einheit von Leib und Seele und Geist. Nehme ich etwas weg davon, dann ist der Mensch noch nicht weg, sondern er ist immer noch da. Dabei habe ich mehr und mehr verstanden, dass ein Mensch sich letzten Endes leibhaft äußert und leibhaft ansprechbar ist. Und selbst dann, wenn ein Mensch sich verbal nicht äußern kann oder eben nur sehr eingeschränkt, dann ist er immer noch Mensch und nicht bloß ein Stück Haut und Knochen und Fleisch mit irgendwelchen leiblichen Funktionen. Viele sehen ja geistig behinderte Menschen oder psy-

„Wir haben den Liegenden langsam aufgerichtet. Daraus ist das abstrakte Logo entstanden."

Übergeordnetes Zeichen | Behindertenhilfe | Berufsbildungswerk Adolf Aich | Altenhilfe | Krankenhilfe

Entwicklung
Die Stiftung Liebenau und ihre Tochtergesellschaften. Logoentwürfe, um 1994

chisch Kranke nur als halbe Menschen. All diese Themen haben wir diskutiert, und der Litzenburger hat Blatt um Blatt gezeichnet dabei. Leider habe ich diese Zeichnungen nicht. Vermutlich hat er sie weggeworfen. Aber vielleicht sollte man mal in seinem Nachlass überprüfen lassen, ob nicht doch noch etwas davon geblieben ist. Am Ende haben wir ein Bild gefunden, das dem Gedanken der Gleichwertigkeit aller Menschen am nächsten kam, und ich finde, das Logo trägt bis heute – auch wenn es sehr abstrakt ist und man sicher als Außenstehender zweimal hinschauen muss. Dieser Prozess und das daraus entstandene Produkt, unser Logo, haben das Leitbild der Stiftung abgebildet, das ich gelebt und vorgelebt habe."

> „Wir haben ein Bild gefunden, das der Gleichwertigkeit aller Menschen am nächsten kam."

Norbert Huber hat 1991 einen weiteren Leitbildprozess in der Stiftung initiiert, der das Selbstverständnis aller in der Stiftung Tätigen abbilden sollte. Zu diesem Zeitpunkt waren bereits mehr als 1000 Beschäftigte angestellt, der persönliche Kontakt mit allen war nicht mehr möglich, aber ein geistiges Fundament, die Identifikation mit Institution und Aufgabe, musste Vergewisserung erfahren. Norbert Huber hält dies für einen wichtigen Moment, der von Zeit zu Zeit auf den Weg gebracht werden muss, um die gemeinsame Basis zu erhalten und zu erweitern, wenngleich er davon überzeugt ist, dass eigentlich noch andere, vielleicht zeitgemäßere Worte, gefunden werden könnten, für was die Stiftung Liebenau steht:

In unserer Mitte – Der Mensch

Die Ära Huber findet 1995 ihren Abschluss mit Überführung in eine neue Organisationsform, die, der Größe und den Tätigkeitsfeldern angemessen, als Holding mit fünf gemeinnützigen Gesellschaften gegründet wird. Heute umfasst der Stiftungsverbund 30 Unternehmen, in denen 6750 Mitarbeiterinnen und Mitarbeiter beschäftigt sind. Ihre gemeinsame Basis lautet: Die Stiftung Liebenau orientiert sich am christlichen Verständnis des Menschseins und am Ethos des Eintretens für Menschen, die der Hilfe bedürfen.

Groß und Klein
Norbert Huber wird bei der Suche nach einer Lösung tatkräftig unterstützt

„Unser Ziel war es, Anreize zu schaffen, alle Anstrengungen zu unternehmen, immer besser zu werden in der Versorgung der uns anvertrauten Menschen."

6

„WIR MÜSSEN ALLE ANSTRENGUNGEN AUF UNS NEHMEN, UM GUT ZU SEIN"
DER VORDENKER

Norbert Huber war von 1971 bis 1992 Vorsitzender des „Verbandes Katholischer Einrichtungen für Lern- und Geistigbehinderte". In dieser Eigenschaft war ihm die Weiterentwicklung der fachlichen Anforderungen nicht nur der eigenen Einrichtung ein großes Anliegen, sondern er forcierte Diskussionen, die um eine gemeinsame Grundhaltung in allen Fragen der Hilfen für geistig Behinderte rangen. Diese Gemeinsamkeiten suchte er mit den konfessionellen Trägern ebenso wie mit den anthroposophischen Einrichtungen und der Lebenshilfe. Besonders aber engagierte er sich für die katholischen Einrichtungen und deren Entwicklung. Dieses Engagement mündete schließlich 1980 in die erste umfassende Empfehlungsschrift mit dem Titel „Hilfe für geistig Behinderte – Begründung und Empfehlungen"[16]. Eine dritte, wesentlich überarbeitete Auflage[17] wurde 1992 unter dem Titel „Hilfe für Menschen mit geistiger Behinderung" veröffentlicht, die im Kern das gesammelte durch- und weitergedachte Wissen um Menschen mit geistigen Behinderungen darstellt und daraus Handlungsmöglichkeiten generiert, die eine Allgemeingültigkeit reklamieren, ohne überheblich zu sein. Zur Entstehungsgeschichte berichtet Norbert Huber:

> „Die Empfehlungen wurden formuliert, um den Behinderteneinrichtungen im Bereich der Caritas eine Zielvorgabe an die Hand zu geben. Die Hauptarbeit haben Robert Lenfers, Direktor von Haus Hall bei Coesfeld in Nordrhein-Westfalen, Dr. Franz Kaspar, der zugleich eine Dozentur an der Universität Frankfurt für Sonderpädagogik und Religionspädagogik innehatte und

Direktor der Einrichtung in Aulhausen bei Rüdesheim war, und, nicht zu vergessen, Heribert Welter, der Geschäftsführer des Verbandes, mit mir zusammen geleistet. Es gab im Verlauf des Prozesses heftige Diskussionen um die Frage, ob diese Empfehlungen eher den Charakter einer Soll-Vorschrift tragen sollten. Wir haben uns dann für die weichere Formulierung entschieden, weil wir nicht wissen konnten, ob die einzelnen Einrichtungen schon die Kraft und die Fähigkeit haben, das, was hier drin formuliert ist, in ihren Einrichtungen umzusetzen.

Sicher haben wir in der Liebenau insofern im Caritasverband eine Vorreiterrolle gespielt, als wir zusammen mit den beiden Einrichtungen Haus Hall bei Coesfeld und Haus Aulhausen bei Rüdesheim im Bereich der deutschen Caritas die Häuser gewesen sind, die zu diesem Zeitpunkt in ihrer Entwicklung am weitesten waren. Aber wir wollten ja alle mitnehmen und nicht etwa den Anspruch formulieren, die anderen Einrichtungen müssten unseren Standard unbedingt sofort erreichen, und wer das nicht schafft, der gehört nicht mehr zum Verband. Unser Ziel war es vielmehr, Anreize zu schaffen, alle Anstrengungen zu unternehmen, immer besser zu werden in der Versorgung der uns anvertrauten Menschen.

Das Image als bloße Verwahrstation wird man nur los, wenn man sich anstrengt und das Gegenteil beweist. Für uns in der Liebenau war das eigentlich immer die Zielvorgabe, an der wir uns orientiert haben."

> „In der Liebenau haben wir eine Vorreiterrolle eingenommen."

Während die Empfehlungen von 1980 noch dezidiert auf die interne Diskussion und die Umsetzung der Ergebnisse zielten, wurden sie ab 1992 auch als ein Instrument der Öffentlichkeitsarbeit gesehen und sollten „Behörden und Verbänden Auskunft über die Aufgaben der Hilfe für Menschen mit geistigen Behinderungen, über Konzepte und Inhalte der Arbeit geben".[18] Die beiden Schriften legen ein beredtes Zeugnis über die großen Anstrengungen ab, Hilfen für geistig behinderte Menschen immer besser zu beschreiben, vor allem sie differenzierter zu sehen und im Alltag einzusetzen. Etwa unter der Überschrift „Pädagogik" standen 1980 noch sehr allgemeine Ausführungen im Vordergrund. Sie wurden zwölf Jahre später sehr viel ausdifferenzierter dargestellt und die für die Arbeit notwendigen Berufsbilder manifestiert. Wenngleich das Kapitel „Psychologie" in den 1992 erschienenen Standpunkten wesentlich kürzer gefasst ist als in der 80er-Auflage, so zeigt sich hier jedoch ebenfalls eine Weiterentwicklung und Differenzierung, die sich

Liebe und Zuwendung I
Paar beim Sommerspaziergang rund um Rosenharz

weniger in Allgemeinplätzen verliert als vielmehr sehr eindeutig Aufgaben zuweist und klare Anforderungen stellt. Insgesamt geht man in den 90er-Jahren sehr viel intensiver auf die Fähigkeiten und Bedürfnisse von Menschen mit geistigen Behinderungen ein und nimmt deren vielfältige Ausprägung als Grundlage für Denken und Handeln in allen Hilfsstrukturen. 1980 wurde dem Thema „Multidisziplinäre Arbeit", die man heute als interdisziplinäre bezeichnet, noch ein eigenes Kapitel zugedacht. 1992 setzte man dies bereits voraus. Schon 1980 war die Einbeziehung der Eltern in die Gesamtsituation ein entscheidender Faktor. Die Eltern-Einrichtung-Beziehung und eine enge Kommunikation, die ein möglichst einvernehmliches Miteinander gestalten soll, gehörte bereits

Liebe und Zuwendung II
*Was sich neckt,
das liebt sich*

1980 zum Standard, der darüber hinaus durch eigene Schulungen der Mitarbeiterinnen und Mitarbeiter zur Durchführung von Elterngesprächen gestärkt wurde. 1992 wurden die Gründung von Elternbeiräten als Interessenvertreter der Angehörigen und deren wertvolle Unterstützung eigens formuliert. Auch bei der Frage der Geschlechtlichkeit herrscht bereits 1980 eine bemerkenswert offene Haltung, die so weit geht, Menschen mit geistigen Behinderungen zuzugestehen, in einer bisexuellen Welt zu leben, die es nötig macht, von klein auf auch miteinander zu lernen, arbeiten und leben zu dürfen. Davon ist 1992 zwar nicht mehr die Rede, dafür werden alle Verantwortlichen aufgefordert, in allen Entwicklungsphasen die Geschlechtlichkeit mit einzubeziehen. Norbert Huber gilt als einer der Ersten, die sich dieses Themas in Deutschland angenommen haben, und mit dem sich daraus ergebenden Diskurs zu Autonomie und Selbstbestimmung hat er einen entscheidenden Beitrag geleistet, Menschen mit geistigen Behinderungen als gleichwertige Partner zu sehen. Der von ihm im Rahmen seiner Aufgaben als Vorsitzender des „Verbandes Katholischer Einrichtungen für Lern- und Geistigbehinderte" 1974 initiierte Studientag zur „Geschlechterbeziehung bei Geistigbehinderten" überraschte viele und löste intensive Auseinandersetzungen aus.

„Ja, ich habe das Thema auf die Tagesordnung gesetzt, weil es besprochen werden musste, wenn wir uns ernsthaft mit der Eigenständigkeit und einem so weit als möglich selbstbestimmten Leben unserer behinderten Menschen befassen wollten. Gewachsen ist die Idee, als ich mit weiteren Vertretern unseres Verbandes Schweden besucht habe, um die dortigen Verhältnisse kennenzulernen. In Stockholm sind wir Gregor Katz begegnet. Er war Chefarzt für Kinder- und Jugendpsychiatrie im Bezirkskrankenhaus Stockholm-Danderyd. Und davor fünf Jahre Chefarzt für die Pflege von geistig behinderten Menschen in der Provinz Stockholm. In Gesprächen mit ihm haben wir erfahren, wie sie in Schweden gesehen und betreut werden. Gregor Katz war Deutscher. Das hat die Kommunikation sehr erleichtert. Seine Veröffentlichung ‚Sexualität und Partnerschaft bei geistig Behinderten' war schon in mehrere Sprachen übersetzt. Leider noch nicht ins Deutsche. Ich fand seinen Ansatz sehr interessant und fand, das müsste auch in Deutschland diskutiert werden. Also habe ich den ersten Studientag mit der Überschrift ‚Geschlechtserziehung bei geistig Behinderten' geplant und Gregor Katz als den Hauptredner eingeladen.

An die Tagung selbst kann ich mich leider nicht mehr erinnern. Ich weiß nur, dass die anschließende Veröffentlichung[19] einiges an Aufregungen erzeugt hat. Sie war die erste deutschsprachige Publikation, die diese Problemstellung überhaupt aufgegriffen hat. Unter anderem ist sie auch in Rom gelesen worden. Ein Mitglied der Glaubenskongregation hat sie an den damaligen Bischof von Rottenburg-Stuttgart geschickt, verbunden mit der Frage, wie dies habe veröffentlicht werden können. Ich kann

Das Thema ‚Geschlechtserziehung bei geistig Behinderten' löste 1974 intensive Diskussionen aus.

mich nur noch erinnern, dass es einige aufgeregte Telefonate gab und ich einiges zu tun hatte, die Gemüter wieder zu beruhigen. Schließlich legte sich der Pulverdampf wieder, und wir konnten weiterarbeiten."

Liebe und Zuwendung III
Einander halten,
einander spüren

Norbert Huber musste dem Missverständnis entgegentreten, das seine Initiative ausgelöst hatte. Er wollte den Blick darauf richten, dass Menschen mit geistigen Behinderungen wie alle anderen auch ein Bewusstsein für Körperlichkeit in allen Facetten haben. Sexualität wurde in der Bundesrepublik der 70er-Jahre mit einer bisher nicht gekannten Offenheit besprochen und gelebt und stellte alle bisherigen gesellschaftlichen Moralstandards auf den Prüfstand. Hierin manifestierte sich zunächst die Missverständlichkeit seines Vorstoßes, die er schließlich lösen konnte. Im Vorwort der ersten Publikation[20] beschreibt er daher dezidiert seine Intention:

„Die verstärkte Förderung geistig behinderter Menschen in den letzten Jahren und die damit verbundenen Bemühungen, sie stärker am Leben unserer Gesellschaft zu beteiligen, haben viele Erfolge gezeigt und besonders auch die Aufgeschlossenheit der Bevölkerung für ihre behinderten Mitbürger geweckt. Diese Entwicklung hat aber auch eine

Reihe von Problemen sichtbar gemacht, deren Bewältigung noch aussteht. Eines dieser Probleme ist die Geschlechtlichkeit des geistig Behinderten. Die Erkenntnis, dass geistig Behinderte keine Kinder bleiben, sondern als Frauen und Männer in unserer Gesellschaft leben wollen, so wie es alle Frauen und Männer tun, nötigt uns, der Geschlechtserziehung der Behinderten vermehrt unsere Aufmerksamkeit zu schenken. Viele offene Fragen stehen zur Beantwortung an, und manche zunächst ungewohnten Konsequenzen, die aus der Behinderung resultieren, erfordern eine Lösung. Darauf aufbauend, wird es dann einmal möglich sein, Inhalte und Ziele der Geschlechtserziehung geistig Behinderter gültig darzustellen."

Norbert Huber schwamm also nicht auf der eher profanen Beate-Uhse-Oswalt-Kolle-Welle mit, die die bürgerlichen Welten in Aufruhr versetzte. Vielmehr sah er in der für Menschen mit geistigen Behinderungen zu entwickelnden Geschlechtserziehung einen weiteren Baustein zu deren wachsender Eigenständigkeit, den er verantwortlich auf den Weg bringen wollte:

„Wie vieles andere auch hatte mein Engagement für die Geschlechtserziehung eine konkrete Vorgeschichte. In meiner Zeit als Internatsleiter habe ich mich schon mit dem Problem befasst. Denn im Internat, in einer reinen Männer- oder Knabengesellschaft, gibt es sexuelle Entwicklungen, die man nicht übersehen sollte. In dieser Zeit habe ich mich schon damit befasst, wie man damit gut umgehen könnte. Aber ich habe diese Aufgabe nicht lange genug innegehabt, um bereits damals in die Diskussion zu gehen. In der Liebenau lag es auf der Hand, und mit Gregor Katz hatte ich einen ausgewiesenen Kenner der Materie an der Seite, sie konstruktiv im Sinne der Behinderten anzugehen. Um das zu verdeutlichen, will ich meinen Begriff von Geschlechtserziehung beschreiben:
Für mich ist es ein Sammelbegriff für das, was man in der Erziehung von Kindern und Jugendlichen hinsichtlich ihrer eigenen Geschlechtlichkeit und der Beziehung zum anderen Geschlecht aufgreift und ihnen versucht nahezubringen, wie sie damit um-

gehen können, ohne sich selbst und anderen zu schaden, sondern um Glück und Zufriedenheit zu erreichen.

Wir sind mit Beginn der 80er-Jahre sehr offensiv umgegangen mit Paarbeziehungen innerhalb der Stiftung und haben ihnen Raum gegeben, damit sie miteinander leben konnten. Ich habe später auch Paare getraut, allerdings waren das meistens mehr lernbehinderte, weniger geistig behinderte Menschen. Ich erinnere mich noch sehr genau an ein Paar. Er war sehr stark hörbehindert, die Partnerin war stark lernbehindert und gehörte eigentlich in die Gruppe der geistig behinderten Menschen.

Partnerschaften unter Menschen mit Behinderungen sind oft sehr stabil.

Die beiden waren aber ein sehr glückliches Paar, das im Rahmen seiner Möglichkeiten Verantwortung füreinander übernehmen wollte. Die Trauung habe ich gerne übernommen. Ich glaube, sie leben heute noch in Isny miteinander. Bis heute vermeidet man ja formale Eheschließungen von geistig behinderten Menschen. Aber ihre Segnung bedeutet ja eine Anerkennung ihrer Entscheidung, und man übergibt ihnen die Verantwortung füreinander.

Das unterstütze ich bis heute. Meine Erfahrung ist: Es gibt Partnerschaften unter geistig behinderten Menschen, die weder mit körperlicher Sexualität gelebt werden noch mit einer eheähnlichen Zeremonie, die aber ungeheuer stabile Beziehungen sind. Das ist für mich immer wieder erstaunlich. Damals war ich vorsichtiger mit meinen Aussagen, aber heute sage ich, es gibt sehr viele geistig behinderte Menschen, die sehr fürsorglich miteinander in ihrer Partnerschaft umgehen. Und wo diese Fürsorge füreinander tatsächlich im Zentrum der Beziehung steht, sehe ich keinen Anlass, meinen Segen zu verweigern.

Ich hatte auch immer den Eindruck, die Mitarbeiterinnen und Mitarbeiter waren sehr froh darüber, dass in der Liebenau ein offener Umgang mit diesen Fragen einzog. Denn damit zeigte sich auch: Ob behindert oder nicht, Liebe ist ein zentrales Thema. Es auszuklammern ist fahrlässig.

Die Mitarbeiterinnen und Mitarbeiter kamen auch von selbst mit Fragen zu diesem Thema, denn der Umgang damit musste auch von ihnen erst gelernt werden. Das waren meist die jungen Mitarbeiter, die selber in einer entscheidenden Phase ihres

Staunen und Erkennen
Der Zauber von Pustefix

Lebens waren in dieser Hinsicht und sich nun mit behinderten Menschen konfrontiert sahen, die dabei ihrer Unterstützung und Hilfe genauso bedurften wie in anderen Fragen auch. Ich habe nicht nur geistig behinderte Paare gesegnet, sondern viele meiner Mitarbeiterinnen und Mitarbeiter getraut. Die Stiftung Liebenau war nämlich auch so eine Art Eheanbahnungsinstitut. Das war eine immer wieder schöne Erfahrung.

Wir konnten auch auf den glücklichen Umstand zurückgreifen, dass in Rosenharz das sogenannte Arzthaus für den Chefarzt der Lungenheilstätte gebaut worden war. Es ist zwar eine architektonische Meisterleistung, aber leider ein unbewohnbares, unverkäufliches Haus, das wir damals umfunktionierten für die Paare.

Fördern und Fordern VIII
Denken und Tun

Natürlich haben die Paare sehr davon profitiert, dass wir grundsätzlich unsere Bemühungen darauf konzentriert haben, für die einzelnen Menschen entsprechende Wohn- und Lebensmöglichkeiten zu schaffen. Die Neugestaltung der Lebensbereiche und Wohnmöglichkeiten haben das Zusammenleben insgesamt völlig neu geordnet. Wir haben die scharfe Trennung zwischen Frau und Mann aufgehoben. Das hat natürlich Kontakte und Beziehungen gefördert. Sie kamen ganz selbstverständlich zusammen. Vorher waren rechts in der Kirche die Männer und links in der Kirche die Frauen. Und so ähnlich war es dann natürlich auch im übrigen Bereich. Auf diese Weise hat sich eine viel selbstverständlichere Kommunikation zwischen allen entwickelt. Der erste Schritt zu einem Zusammenleben, wie es die normale Gesellschaft außerhalb der Liebenau lebte, war getan. Einige Jahre später, 1982, haben wir nach intensiven Diskussionen eine weitere Veröffentlichung[21] vorgelegt. Es hatte sich zu dieser Zeit bereits eine Reihe von in der Behindertenhilfe Tätigen in das Thema eingearbeitet, und so konnte der kleine Band als hilfreiche Handreichung, die auch die umstrittenen Themen Empfängnisverhütung und Masturbation aufgriff, für die Einrichtungen herausgegeben werden. 1983 hat dann die Gesellschaft für Sexualerziehung und Sexualmedizin Baden-Württemberg e. V. einen ersten Sammelband ‚Sexualität und geistige Behinderung' herausgegeben. Dieser Band hat bis zu meinem Weggang 1996 insgesamt vier überarbeitete und erweiterte Auflagen erlebt. Daran kann man ermessen, wie zentral das Thema für die Behindertenhilfe ist. Natürlich, das lag damals ein Stück weit in der Luft. Es hat an verschiedenen Stellen Initialzündungen gegeben. Aber das dürfen wir von uns in der Liebenau sagen, wir waren da ziemlich weit vorne. Unser Credo, jeder Mensch hat ein Recht auf Eigenständigkeit unabhängig von der Art und Weise, wie er funktioniert, gilt auch hier."

„Jeder Mensch hat ein Recht auf Eigenständigkeit."

„Nach und nach habe ich gelernt, dass Seelsorge nicht nur am Sonntag stattfindet und die Leitung der Stiftung Liebenau auch am Wochenende nicht abgegeben werden kann."

7

„DIESEN SPAGAT HABE ICH PRAGMATISCH BEWÄLTIGT"
DER MANAGER UND SEELSORGER

Theologie und Psychologie, das hat er studiert. Dann aber musste Norbert Huber auch Manager, Theoretiker und Praktiker auf Gebieten sein, die ihm weitgehend unbekannt waren. Dieses Problems nahm sich im Herbst 1968 ein Symposium an, das von den Leitungen einiger evangelischer Einrichtungen in der Diakonie für Menschen mit Behinderungen veranstaltet wurde. Norbert Huber, der wenige Monate zuvor ebenfalls die Leitungsaufgabe übernommen hatte, war als Gast dabei.

> „Die Frage, die sie und auch mich bewegte, hieß: Können und sollen Pfarrer, Geistliche, Priester, also Seelsorger aus Neigung und Berufung mit einem theologischen Studium, die Leitung großer Werke der Diakonie oder Caritas mit den dort anfallenden speziellen fachlichen, besonders aber auch organisatorischen und ökonomischen Aufgaben übernehmen? Das Symposion hat damals unsere Unsicherheit nicht behoben. Es blieben zu viele Fragen offen. (...) Ich muss gestehen, dass ich den Spagat zunächst sehr pragmatisch angegangen bin. Nach und nach habe ich gelernt, dass die Seelsorge nicht nur am Samstag und Sonntag stattfindet und die Leitung auch am Wochenende nicht abgegeben werden kann. Ich habe erfahren, dass die Seelsorge Leitungskompetenz braucht. Die Leitung eines Unternehmens aber, besonders wenn es vorwiegend mit Menschen und für die Menschen arbeitet und sozial-caritative Aufgaben hat, auf seelsorgerliche Qualifikationen nicht verzichten kann."[22]

„Diesen Spagat bin ich zunächst sehr pragmatisch angegangen."

Zeit zu lernen blieb ihm keine, er musste an jedem Tag, in jeder Situation Entscheidungen treffen, für die er allein die Verantwortung trug. Getragen haben ihn selbst sein Glaube, seine immer positive Haltung zu den Menschen, seine Fähigkeit, sie zu binden und zu motivieren. Manager sein und Seelsorger bleiben, das war ihm in seiner Zeit als Vorstand der Stiftung Liebenau tiefes inneres Anliegen geblieben, dem er gerecht werden wollte. Aber Zeit ist es, die man braucht, den Bewohnerinnen und Bewohnern gleichermaßen gerecht zu werden wie den Mitarbeiterinnen und Mitarbeitern. Für Norbert Huber ein alltägliches Ringen um den besten Weg für seinen unmittelbaren Dienst am Menschen, für den er Zeit haben wollte, ohne Zeit zu verlieren, die notwendige Modernisierung der ihm anvertrauten Einrichtung fast schon atemlos voranzutreiben und sich dabei nicht selbst zu verlieren.

Manager sein und Seelsorger bleiben blieb ihm ein tiefes inneres Anliegen.

„Seelsorge war für mich immer eingewoben in die gesamte Arbeit. Natürlich gab es feste Zeiten für Gottesdienste wie den Samstagabend und den Sonntagvormittag. Manchmal habe ich auch unter der Woche den einen oder anderen Gottesdienst gehalten. Aber sonst war Seelsorge etwas, das ich eigentlich immer gemacht habe. Für mich gehörte jede Begegnung auf dem Hof dazu. Zuwendung, aufeinander zugehen, zuhören, miteinander sprechen, auch über völlig belanglose Dinge – das ist eine wichtige Form der Seelsorge. Und es ist Vorarbeit oder Vorbereitung für ein direktes seelsorgerliches Gespräch, das dann zu einem anderen Zeitpunkt stattfand, wenn es gewünscht wurde. Das galt für alle. Für die Beziehung zu den Betreuten wie für die Angestellten. Da habe ich keinen Unterschied gemacht. Ich kann mich an manches Gespräch erinnern, das als Dienstgespräch begonnen hat, und plötzlich kam ein Thema auf, das eher ein sehr persönliches gewesen ist und mit unserer Tagesordnung nichts zu tun hatte. Selbstverständlich habe ich mir dafür die Zeit genommen. Dennoch war das für mich von Anfang auch ein Problem, das ich gesehen habe und wo ich sehr an mir arbeiten musste, da-

„Ich musste sehr an mir arbeiten, um mit den beiden Rollen zurecht zu kommen."

Zuversicht und Freude
Norbert Huber
beim Aktenstudium

mit ich mit meinen beiden Rollen zurechtkommen konnte. Die Balance zu halten zwischen der Rolle des Direktors, also des Vorgesetzten, und auf der anderen Seite der des Seelsorgers, die ich nicht vernachlässigen wollte, aber nicht in den Vordergrund stellen durfte. Diese beiden Rollen sind nicht wirklich vereinbar. Und doch war ich bei jeder Entscheidung auch immer der Seelsorger, für den das Wohl aller in der Stiftung an erster Stelle stand. Die große Aufgabe war immer für mich, frühzeitig zu erkennen: Wo endet das eine und beginnt das andere? Geholfen hat mir da sehr meine Ausbildung als Psychologe, der eine Regel immer zu beachten hatte: Ein therapeutisches Gespräch ist nur sinnvoll, wenn es zeitlich begrenzt ist und terminiert wird. Es hat einen festgelegten Tag und eine Stunde, es ist festgelegt, worüber in dieser Zeit gesprochen wird. Eine andere Regel, ein therapeutisches Gespräch ist nie kostenlos, habe ich

> natürlich nie eingehalten. Das konnte ich als Seelsorger nicht machen. Und selbstverständlich habe ich auch keine therapeutischen Sitzungen mit einzelnen Personen über einen längeren Zeitraum durchgeführt. Was ich aber gemacht habe, war: Wurde ich um ein Gespräch gebeten, dann habe ich zugehört, analysiert und Vorschläge gemacht. Dies bezieht sich im Wesentlichen auf die Mitarbeiter, die zu mir kamen, wenn sie persönliche Probleme hatten.oft konnte ich im Rahmen eines seelsorgerischen Gespräches mit meinem Hintergrund als Psychologe helfen. Es gab aber auch Fälle, bei denen ich den Eindruck hatte, hier braucht es mehr. Ich habe diese Personen unterstützt, sich einer Therapie zu unterziehen, um für sich eine Lösung zu erarbeiten. Eine solche Empfehlung vom Vorgesetzten zu erhalten ist sicher als Auftrag verstanden worden, sich um sich selbst zu kümmern. Gefreut habe ich mich, wenn ich irgendwann die Rückmeldung bekam, dass meine Intervention geholfen hat. Andere haben mir gesagt, sie hätten es versucht, aber für sie selbst sei dieser Weg nicht gangbar. Das habe ich respektiert. Respektiert habe ich auch, wenn nach einer von mir empfohlenen externen Beratung die Entscheidung gefällt wurde, den Arbeitsplatz bei uns aufzugeben."

Die Aufgabenfülle wurde mit den Jahren nicht weniger, die Zahl der Mitarbeiterinnen und Mitarbeiter wuchs beständig an. Norbert Huber wurde bald aufgrund seines Einsatzes zum Vorsitzenden verschiedener Ausschüsse und Mitglied mehrerer Gremien berufen, er hat sich im politischen Raum als Lobbyist für Menschen mit geistigen Behinderungen und ihre Bedürfnisse engagiert, und er hat sich auf allen Ebenen für die Qualifizierung des Personals eingesetzt. Anders als seine Vorgänger musste er daher viel auf Reisen gehen und war oft gar nicht anwesend. Und so musste er die Seelsorge auf mehrere Schultern legen.

> „Ich bin schon manchmal unter Druck geraten, weil mir schlicht die Zeit fehlte. Das ist mir schwergefallen. Aber ich musste mir eingestehen: Allein ist das nicht mehr zu leisten. Deshalb habe ich ganz gezielt darauf hingearbeitet, dass außer mir noch andere da sind, die verantwortungsvoll und in meinem Sinne diese

Sommerfest
Norbert Huber,
der Schiedsrichter

Erntedank
*Norbert Huber,
der Priester*

Aufgabe wahrnehmen. Das habe ich sehr bewusst auf den Weg gebracht. Als ich in die Liebenau kam, hatten wir drei Hausgeistliche, das waren drei Patres, ein Jesuit, ein Franziskaner und ein Benediktiner. Heute würde man sagen, ausgesprochen konservative Mitbrüder. Sie haben die Seelsorge noch sehr formal gehandhabt.

Man ging in die Kirche, man hat Rosenkranz gebetet mit allen, die dazu fähig waren. Natürlich haben auch die Schwestern Seelsorge ausgeübt. Dem Direktor oblag es, den Gottesdienst zu halten. Das war eine sehr formale Struktur, die sich erst mit dem Weggang der Schwestern verändern konnte. Denn diese Struktur gab den Schwestern den Halt, den sie brauchten. Die Schwestern haben ihr eigenes geistliches Leben geführt und bezogen die Bewohner ein. Aber das, was wir heute unter Seelsorge verstehen, dass wir mit den Gläubigen ein Stück Leben teilen und für sie da sind, sie begleiten, beraten und so weiter, das gab es nicht. 1975 hat uns der größte Teil der Schwestern verlassen. Dieser Prozess war 1978 abgeschlossen. Auch die drei Hausgeistlichen gingen nacheinander weg. Spätestens jetzt war die Zeit gekommen, diesen Bereich neu zu füllen. Das galt auch für den Unterricht. Ich habe ja sowohl im Institut wie in der Sonderschule noch selber den Religionsunterricht gehalten. Das konnte ich ebenfalls nicht mehr gewährleisten, weil mir die Zeit fehlte. Auf Empfehlung stellte ich einen pensionierten Pfarrer ein, bei dem sich sehr schnell zeigte: Er hatte Angst vor den Behinderten. Wir mussten unsere Zusammenarbeit dann wieder beenden.

> „Den Mitarbeitern sagte ich immer: Ihr seid nicht bloß Leibsorger, ihr müsst auch Seelsorger sein."

Aber danach hatte ich großes Glück, wie so oft. Der Nächste, der mir über den Weg lief, war ein Kapuziner, der eine Frau kennengelernt und geheiratet hatte und laisiert worden war. Er war über viele Jahre wirklich ein guter Seelsorger bei uns. Er war auch ein ausgesprochen kommunikativer Mann. Das war eine gute Sache. Gesucht habe ich auch jemanden, der den Religionsunterricht übernehmen konnte, und wieder Glück gehabt: Unser Herr Gebert, ein studierter Theologe, er hat sich besonders intensiv um die Schwermehrfachbehinderten gekümmert. Der Dritte war Herr Friedel. Er war von Haus aus Schlosser und hat sich zum Diakon weiterbilden lassen. Außerdem hatte er eine Heilerzieherpfleger-Ausbildung absolviert. Er war vor allem auf Gruppen mit jungen Erwachsenen, zum Teil sehr schwierigen Menschen, tätig. Auch er war ein Glücksfall und wurde für diese Gruppe der Bewohner in der Liebenau ein stabilisierender Faktor. Und ein weiteres Mal war das Glück auf meiner Seite: Herr Ilg konnte gewonnen werden. Ohne diese Kollegen wäre es nicht möglich gewesen, eine moderne Seelsorge in der Liebenau zu entwickeln und zu etablieren. Dabei darf nicht unerwähnt bleiben: Es gab noch eine Reihe anderer Frauen und Männer, die sich im weiteren Sinne des Themas angenommen und dies in ihre jeweilige Fachkompetenz miteinbezogen haben. Ich wusste, was ich an all diesen Menschen hatte, und konnte vertrauensvoll die Verantwortung mit ihnen teilen. Den Mitarbeitern habe ich immer zu verstehen gegeben: Ihr seid nicht bloß Leibsorger, sondern ihr müsst auch Seelsorger sein. Der Mensch besteht ja nicht nur aus Haut, Knochen und Wasser, sondern er ist vor allem ein Mensch, der fühlt, der zur Transzendenz fähig ist. Da müsst ihr danach schauen. Das ist natürlich sehr unterschiedlich gelungen – und nicht immer in meinem Sinne. Es gab immer mehr Mitarbeiter, die haben mit Religion überhaupt nichts anfangen können. Das hatte ich zu respektieren. Schließlich sagt die Nähe zum Glauben nichts über die Qualität der Arbeit aus. Dieses Neben- und Miteinander stellte aber eigentlich nie ein wirklich relevantes Problem dar.

Wichtig war mir unser Bemühen, die Gottesdienste so zu gestalten, dass unsere Bewohner einbezogen waren. Sie sollten schließlich was davon haben. Dafür habe ich viel getan.

Die Liebenau hat ja nicht auf den Taufschein geschaut bei der Aufnahme, sondern auf den Menschen, der uns anvertraut werden sollte. In den letzten Jahren meiner Amtszeit kamen dann auch Muslime zu uns. Für mich stand immer im Vordergrund, das religiöse Gespräch verständlich und fassbar zu machen. Mission im Sinne von Bekehrung war nie mein Ziel. Die eigentliche Frage für mich war: Wie weit kann ich gehen mit diesem Bemühen, das, was Religion ist, verständlich zu machen? Hierfür haben wir viele Wege gefunden, die integrierend waren. Von der Erstkommunion für die Schwächsten unter uns bis hin zu einem neuen Verständnis der Beichte, weil ja Schuldbewusstsein nur schwer zu erwarten sein darf bei geistig behinderten oder mehrfachbehinderten Menschen. Die Beichte wandelte sich immer mehr zum Beichtgespräch. Die Grenzen zum therapeutischen Gespräch sind fließend geworden."

„Ein gewisser Schatz an Religiosität und Spiritualität schadet nicht."

Historisch entwickelt haben sich Einrichtungen wie die Stiftung Liebenau aus den Glaubensgemeinschaften heraus. Heute drängt sich die Frage auf: Worin macht sich der qualitative Unterschied zwischen konfessionell geprägten und nicht konfessionellen Einrichtungen wie etwa der Lebenshilfe fest? Eine Antwort darauf ist auch für Norbert Huber nicht einfach zu geben.

„Die Frage ist schwer zu beantworten. Wenn ich an die Lebenshilfe hier in Ravensburg denke, das ist meine unmittelbare Erfahrung, da ist so viel katholisch und evangelisch drin, schon durch die Mitarbeiter, da will ich nicht sagen, dass man einen großen Unterschied zu uns feststellen kann. In der Liebenau ist es vielleicht intensiver katholisch. Aber was heißt das schon? Was ich allerdings immer wieder bemerkt habe,

Verbundenheit
Ordensschwestern in Liebenau

ist, viele Mitarbeiterinnen und Mitarbeiter bringen einen Einsatz, der geht schon zuweilen an die Grenzen ihrer physischen Kraft. Ich konnte mich immer darauf verlassen, dass sie auch in den allerschwierigsten Situationen, etwa wenn ein Mensch stirbt, nicht weglaufen, sondern dabeibleiben. Viele haben auf der Basis ihres Glaubens eine gewisse Stärke entwickelt. Das habe ich zweifelsohne bei manchen der Mitarbeiter so erlebt. Die anderen schöpften ihre Kraft aus einem weltlichen Pool von Möglichkeiten. Aus meiner Sicht möchte ich sagen, ein gewisser Schatz an Religiosität und Spiritualität schadet nicht, und ich bin derjenige, der das zu stärken hat. Ganz egal, wer mir gegenübersteht."

Norbert Huber begab sich mit seiner ganzen Persönlichkeit in die Aufgabe hinein und füllte sie 28 Jahre kraftvoll aus. Aber auch er brauchte Ausgleich, etwas, das ihm innere Ruhe verschaffte, seiner Seele Stabilität und seinem Körper Erholung. Dafür sorgte er, auch wenn es nicht immer so möglich war, wie er es gebraucht hätte.

Zum Geburtstag
Zeichnung eines Mädchens
für Norbert Huber

„Ich habe mein Brevier (= Stundengebet der Kirche). Auch heute noch. Daran halte ich mich fest. Darin habe ich immer im wörtlichen Sinne Halt gefunden. Ich nehme mir Zeit, setze mich hin und lese darin. Das halte ich eisern seit vielen Jahrzehnten durch. Es hilft mir, mich zu befreien und mich für einen Moment frei zu machen vom aktuellen Denken und Handeln für ein neues, gestärktes Denken und Handeln danach. Als ich viel unterwegs war, habe ich mein Brevier immer dabeigehabt, und obwohl es nicht immer ganz leicht war, habe ich die Gelegenheiten genutzt, um mich darin für einen gewissen Zeitraum zu verlieren und erfrischt wieder daraus aufzutauchen. Mit dem Brevier hatte ich immer einen Text zur Hand, über den ich meditieren konnte. Auch meine Gottesdienste gehörten dazu. Wenn ich das nicht einhalten konnte, ging es mir schlecht. Aber das war nur sehr selten der Fall.

Eigentlich hatte ich ganz feste Zeiten für meine Auszeiten. Ich bin in der Liebenau immer vor 6 Uhr aufgestanden und habe mich an mein Brevier gesetzt. Danach konnte der Tag beginnen. Nach dem Mittagessen habe ich mich ebenfalls für eine kurze Zeit zur Entspannung zurückgezogen. Das war natürlich nicht immer möglich, aber ich habe es gebraucht. Und dann die Samstagnachmittage ab 16 Uhr, an denen ich meine Gottesdienste vorbereitet habe, die gehörten auch dazu.

Das waren die Auszeiten im Alltag. Ich kann aus meiner Erfahrung heraus nur sagen, man muss sich solche Marken setzen, die einem Raum zur Zurücknahme lassen. Der Mensch braucht das. Der Urlaub war ebenfalls heilig. Da habe ich mich nicht stören lassen, den habe ich dringend gebraucht. Ob ich das mit den neuen Kommunikationsmitteln, mit denen man sich ja heute jeden Urlaub verschandelt, geschafft hätte, weiß ich nicht, und ich bin sehr froh, das nicht mehr entscheiden zu müssen. Ich habe meinen Vertretern vertraut. Und ich kann mich an kein Problem erinnern, das meine Vertretung nicht souverän gelöst hätte oder im Zweifel ebenso souverän bis zu meiner Rückkehr hintangestellt hätte.

Ich habe mich nur ein einziges Mal aus dem Urlaub abrufen lassen. In Friedrichshafen gab es eine große öffentliche Aufregung um eine nackte Franziskusfigur vor dem neuen Altenheim der Stiftung. Man ließ mir keine Wahl, ich musste zurückfahren und die Wogen glätten. Angeblich konnte das niemand sonst. In Friedrichshafen habe ich mehr oder weniger öffentlich erklärt: Der Franziskus ist tatsächlich nackt. Es ist ein Zeichen seiner Armut, und wir alle stehen manchmal nackt da. Das war ein Spektakel, ich habe so was noch nie erlebt. Danach habe ich meinen Urlaub fortgesetzt. Der Franziskus blieb nackt."

„Die Eigenart des alt gewordenen geistig behinderten Menschen erfordert besonderes Verständnis und Bemühen auch in diesem Lebensabschnitt."

8

„ES GAB SO VIELE ORIGINALE BEI UNS!"
VON DER WÜRDE DES ALTERS

In Deutschland erreicht zum ersten Mal eine Generation von Menschen mit geistiger Behinderung das Rentenalter. Ihre Lebenserwartung ist in den letzten Jahrzehnten überproportional gestiegen. Ein Bericht des Kommunalverbandes für Jugend und Soziales Baden-Württemberg aus dem Jahr 2014 [23] unterstreicht diese Tatsache und zieht ein vorsichtiges Fazit: „Die vorgelegten Ergebnisse können helfen, den zukünftigen Hilfebedarf zu planen und sicherzustellen, dass Menschen mit geistiger Behinderung in Würde und Selbstbestimmung altern." An anderer Stelle findet man eine Aussage zu dieser Thematik, deren Duktus weniger zurückhaltend ist: „Wir müssen deshalb in den kommenden Jahren in allen Einrichtungen mit einem erhöhten pflegerischen Aufwand und größeren medizinischen Erfordernissen sowohl nach Quantität als auch nach Qualität in der Betreuung schwerbehinderter Erwachsener rechnen." [24] Sie stammt von Norbert Huber und wurde 1990 veröffentlicht. Bereits 1980 legt er dar: „Der geistig Behinderte hat wie die übrige Bevölkerung heutzutage aufgrund einer besseren Betreuung und medizinischen Versorgung eine verlängerte Lebenserwartung. Die Eigenart des alt gewordenen geistig Behinderten fordert besonderes Verständnis und Bemühen auch in diesem Lebensabschnitt. Er ist darin wiederum mehr auf Fürsorge und Fremdhilfe angewiesen." [25] Der Vorstand der Stiftung Liebenau hat damit ein Thema auf die Tagesordnung von Politik und Einrichtungen gesetzt, das zu diesem Zeitpunkt noch völlig marginalisiert war.

„Alte, geistig behinderte Menschen – Außer uns wollte das niemand sehen."

„1980 waren unter unseren Bewohnerinnen und Bewohnern 61 Prozent bis 40 Jahre alt. 40 bis 50 Jahre alt waren 15 Prozent und 50 bis 60 Jahre neun Prozent. 60 Jahre und älter waren immerhin noch 15 Prozent. Das heißt also, wir hatten bereits damals immerhin einen Anteil von 24 Prozent älterer und alter Menschen.

Außer uns wollte das niemand sehen. Alte geistig behinderte Menschen gab es in der öffentlichen Wahrnehmung und im politischen Raum gar nicht. Denn sie sind ja angeblich alle während des Nationalsozialismus der Euthanasie anheimgefallen. Eines Tages habe ich gesagt: Das stimmt alles gar nicht, denn ich habe die alten Menschen bei mir in der Stiftung. Die sind ja da. Die haben überlebt. 501 Menschen wurden damals aus der Liebenau verschleppt und ermordet. Aber die anderen konnten gerettet werden. Das waren ebenfalls ungefähr 500 Menschen. Und so kam es, dass wir natürlich in den Einrichtungen – das war übrigens nicht nur in der Liebenau so – mit den Jahren feststellen mussten: Wir haben alternde und alte Menschen bei uns. Sie waren da. Sie waren integriert und haben ihren Platz gefunden. Da gibt es zum Beispiel die schöne Geschichte von Fanny Rade, der Botin."

Das Alter...
... schützt nicht vor Glück – Bewohner der Liebenau

„Kaum hörbar klopft sie jeden Morgen an die Bürotür und genauso lautlos tritt sie ein. Mit einem freundlichen ‚En scheena guta Morga', manchmal auch nur mit einem wortkargen ‚Soo', legt sie das bestellte Vesper auf den Schreibtisch. Wenn es die Situation erlaubt, wechselt sie mit den

Beschäftigten ein paar Worte, andernfalls zieht sie sich mit einem verständnisvollen Nicken zurück.

Allmorgendlich spielt sich diese Szene in einigen Büros des Liebenauer Verwaltungsgebäudes ab. Fanny Rade besorgt auf Wunsch Vesper oder Obst und Gemüse aus der hauseigenen Gärtnerei. Botengänge erledigt Fanny Rade, seit sie sich erinnern kann. Diese Arbeit lässt sie sich nicht nehmen. Botin zu sein, das ist ihr Lebenswerk und ihre Identität.

Fanny Rade wurde im Juni 1912 in Kempten geboren. Schon als Kleinkind musste Fanny eine schwere Zeit durchmachen. Ihre Mutter starb ein Jahr nach ihrer Geburt an Tuberkulose. Der Vater heiratete wieder. Doch die Stiefmutter lehnte das kränkliche und körperlich wie geistig zurückgebliebene Mädchen ab und misshandelte es. (Anm.: Mit Hilfe der Nachbarn konnte die Vierjährige gerettet werden und kam 1916 in die Liebenau.) Damit war der Kontakt zur Familie vorerst abgebrochen. Auch nach der Rückkehr aus dem Krieg hat sie der Vater nie besucht. Alten Briefen zufolge war er froh, dass seine ‚schwachsinnige Tochter' in der Heilanstalt gut versorgt war. Fannys Entlassung lehnte er ab, weil er befürchtete, entstandene Kosten übernehmen zu müssen.

> „Sie waren integriert und haben ihren Platz gefunden."

Heute (Anm.: 1995) ist Fanny 83 Jahre alt. (…) In den 20er-Jahren besuchte Fanny sechs Jahre lang die Anstaltsschule im Waschhaus in Liebenau. Dort lernte sie lesen, schreiben und rechnen. (…) Nach ihrer Schulzeit arbeitete Fanny 15 Jahre lang in der hauseigenen Malerei. Stolz erzählt sie, dass sie eigenhändig Fenster ein- und ausgehängt habe und zum Streichen auf Gerüste geklettert sei. (…) Schon während dieser Zeit begann Fanny halbtags mit ihren Botengängen nach Tettnang. Drei Jahrzehnte lang sollte sie sich von da an täglich auf diesen Weg machen. Zuerst zu Fuß mit einem Handwagen, später mit dem Fahrrad. Sie holte und brachte Post, kaufte Wurst, Brot und Zigaretten ein und erledigte auf der Bank die Geldgeschäfte. Fünf Kilometer hin, fünf Kilometer zurück, bei Wind und Wetter, in guten wie in schlechten Zeiten.

In den Kriegsjahren war der tägliche Gang nicht ungefährlich. Wenn Fliegeralarm war, habe sie sich halt in den Straßengraben gelegt. Dabei sei es ihr schon manchmal mulmig gewesen, erinnert sich Fanny. Noch mehr Angst hatte sie aber vor den ‚schwarzen Wagen'. Immer seien drei auf einmal gekommen. Die ersten Frauen und Männer seien Anfang Juli 1940 nach Bad Schussenried oder Zwiefalten verlegt worden. Vom Fenster im Gut-Betha-Haus habe sie beobachtet, wie alle, die auf den Listen standen, einen Stempel ins Genick bekamen, bevor sie in den Bus einsteigen mussten. Weil das Gepäck erst gar nicht mitgenommen wurde, mutmaßt Fanny, ‚dass die wahrscheinlich eh gleich umgebracht wurden'. (…) An diese Zeit denkt die 83-Jährige nicht gerne zurück. Am ehesten noch an die Jahre, in denen Fremde im Schloss untergebracht waren. Damals hätten die Schwestern viel zu tun gehabt: Viele seien völlig verdreckt angekommen und mussten erst mal gewaschen und entlaust werden.

> „Von ‚dene feine Herre' bekam sie für kleine Botengänge immer ein gutes Trinkgeld."

Fanny Rade aber ging es in dieser Zeit recht gut, denn von ‚dene feine Herra' – gemeint sind Angehörige des Auswärtigen Amtes in Berlin, die sich ebenfalls eine Zeitlang in Liebenau einquartiert hatten – bekam sie für kleine Botengänge immer ein gutes Trinkgeld. (…) Später, in der Nachkriegszeit, nahm alles wieder seinen gewohnten Lauf. (…) Als der bargeldlose Zahlungsverkehr eingeführt wurde und zwischen Tettnang und Liebenau Postautos verkehrten, waren die Tage der Botin gezählt. Fanny Rade sollte fortan im Nähzimmer arbeiten. Obwohl sie gerne strickt und näht, hat sie es dort nicht lange ausgehalten, weil ‚do so a schlechte Luft dren war'. Die Wege, die Fanny heute zurücklegt, sind immer kürzer geworden. Nur samstags fährt Fanny Rade noch in aller Frühe mit dem Bus nach Ravensburg. Erst geht sie in die Kirche, danach auf den Markt. Von dem Geld, das sie für ihre gestrickten Socken bekommt, erfüllt sie sich ihre persönlichen Wünsche.

> „Denka han i scho emmer kenna."

Auch wenn sie längst nicht mehr so gut unterwegs ist wie früher, zur Ruhe setzen will sich die 83-jährige Frau noch nicht. Auf die täglichen Botengänge in der Verwaltung besteht sie. Nach wie vor weiß sie genauestens Bescheid, wer was bekommt, wann wer in Urlaub fährt und wie viel der eine oder andere ihr am Ende der Woche schuldet. Sie rechnet nach einem ausgeklügelten System ab, denn, so Fanny: ‚Denka han i scho emmr kenna!'"[26]

Diese kleine Lebensgeschichte findet sich in einem Band, den Norbert Huber anlässlich des 125-jährigen Bestehens der Stiftung Liebenau initiiert hatte. Sie erzählt viel mehr als das Leben von Fanny Rade. Sie erzählt gleichsam von Aufmerksamkeit und Zuwendung, die den Menschen in der Liebenau zuteilwird. Norbert Huber betont in seiner Danksagung an die Mitarbeiterinnen und Mitarbeiter, die diese Lebensgeschichten notiert haben: Hier werde erkennbar, dass es nicht um die Geschichte einer Institution gehe, sondern vielmehr um die Lebensgeschichten von Menschen, die sich in der Stiftung überschnitten und bündelten und auf diese Weise ihr Gesicht prägten. Dieser Ansatz ist es auch, der ihn drängte, sich früher als andere mit dem Altern der Bewohnerinnen und Bewohner und den dafür notwendigen Instrumenten zu befassen.

„Noch mal zur Erinnerung: 1980 hatten wir bereits 15 Prozent, die über 60 Jahre alt waren. Die durfte ich doch nicht übersehen. Zumal viele wirkliche Originale, sehr feine Menschen gewesen sind. Zum Beispiel die Cäcilie, die hat die Gäste versorgt. Auch die Bischöfe, die von Zeit zu Zeit bei uns abgestiegen sind. Wir haben sie machen lassen, denn sie gehörte zu uns. Natürlich waren das viele, die eher leichtere Behinderungen hatten, aber zu einer Zeit aufgenommen wurden, als niemand wusste, wohin mit ihnen. Sie waren jung, als sie kamen, weil sie oft zu Hause nicht mehr versorgt werden konnten, wenn sich etwa der familiäre Hintergrund plötzlich aufgelöst hatte. Sie wurden aber ebenso oft fortgegeben, weil sie störten, weil man sie nicht mehr haben wollte. Die Liebenau wurde zu ihrer Heimat. Sie hatten offenkundig die Kraft, sich in dieser Situation eine Nische zu schaffen, in der sie ihre Stärken leben konnten. Und unsere Mitarbeiter haben ihnen nicht nur diesen Raum gelassen, sondern sich auch für ihre Lebensgeschichten interessiert.

Auf diese Weise konnten sie die Lebensgeschichten dieser Alten mit viel Zuwendung rekonstruieren. Vieles blieb natürlich auch verborgen. Diese Menschen haben Sozialhilfe bezogen oder Eingliederungshilfe. Damals hat übrigens niemand nach dem Grad der Behinderung gefragt, ob sie bei uns richtig untergebracht sind oder woandershin sollen. Die Sozialämter waren zufrieden, dass sie untergebracht waren. Als wir in den 70er-Jahren das Kinder- und Jugenddorf Hegenberg gebaut haben, habe ich im Sozialministerium erfahren: Wir bekommen Zuschüsse unter der Voraussetzung, dass wir in den nächsten Jahren in Liebenau 300 neue Plätze schaffen. Es ging ja zunächst nur darum, adäquate Plätze zu schaffen, eine gute Unterbringung zu garantieren. Aber jedes Kind, jeder Jugendliche wird erwachsen und wird eines Tages alt. Daran habe ich schon früh gedacht. Wenngleich zu dieser Zeit die Faustregel galt: Menschen mit Down-Syndrom erreichen maximal das 40. Lebensjahr. Aber es hat sich bald gezeigt, die Veränderung der Rahmenbedingungen in der Pflege, Betreuung und ärztlichen Versorgung hat positive Auswirkungen: Die behinderten Menschen haben eine längere Lebenserwartung. Heute werden Menschen mit Down-Syndrom 60 Jahre und älter. Anders war es bei Schwermehrfachbehinderungen oder bei Formen der Behinderung, die auf Geburtsschädigungen, Hirnschädigungen durch Unfälle und so weiter zurückgehen. Hier konnte man die Lebenserwartung nicht so genau erfassen. Aber auch hier gilt, je besser der Umgang mit diesen Erkrankungen ist, desto länger dürfen diese Menschen unter uns sein. Unsere Bewohner wurden immer älter als der genannte Schnitt, weil sie sich wohl gefühlt haben bei uns, weil sie gut behandelt wurden und lebensfroh waren. Darüber habe ich mich gefreut.
Auch diese Tatsache hat uns darin bestärkt, von 1973 an unsere Krankenstation in die St. Lukas-Klinik umzuwandeln und ihr zwei wesentliche Arbeitsgebiete zuzuweisen: die Kinder- und Jugendpsychiatrie, also die Arbeit mit verhaltensauffälligen oder psychisch angeschlagenen behinderten Menschen, und die ärztliche Versorgung von Allgemeinerkrankungen bei behinderten Erwachsenen. Bevor wir die St. Lukas-Klinik Stück für

Advent
Genuss ist keine Altersfrage

Stück aufbauten, mussten die Betreuten bei akuter Erkrankung ins Tettnanger Krankenhaus gebracht werden. Mit dem Tettnanger Krankenhaus haben wir wirklich gut zusammengearbeitet. Aber das war kein Zustand, denn unsere Kranken mussten mit der fremden Umgebung zurechtkommen, mit den anderen Patienten dort und die mit ihnen. Das war immer schwierig. Oft mussten sie vor der Zeit entlassen und bei uns weiterversorgt werden. Es war unvermeidlich, ein eigenes Krankenhaus einzurichten, das künftig die Versorgung garantiert."

Norbert Huber zitiert Ende der 80er-Jahre Untersuchungen[27], die deutlich machen, dass man 30 bis 40 Jahre später bei Menschen mit Behinderung mit einer der Gesamtbevölkerung vergleichbaren Altersstruktur rechnen müsse, und plädiert nachdrücklich dafür, dieses Zukunftsthema nicht zu vernachlässigen.

„Wir haben Ende der 70er-Jahre angefangen zu planen, die älteren Menschen in eigenen Gruppen unterzubringen. Dadurch dass wir weiteren Wohnraum geschaffen haben, hatten wir natürlich die Möglichkeit, diese Großgruppen, die wir hatten, auseinanderzunehmen, und da hat man dann gesehen, dass man die Älteren zusammenführt.

Ein anderer Punkt: Während gesunde, normale Menschen sich ab einem bestimmten Zeitpunkt darauf freuen, in Rente oder Pension gehen zu dürfen, haben unsere Bewohner von diesem Lebensabschnitt ja keine Ahnung. In den Ruhestand zu gehen, den gewohnten Tagesablauf, der Stabilität gibt, aufzugeben ist für viele draußen schon ein Problem. Aber wie erklärt man das einem Behinderten? Und vor allem: Wie löst man dieses Problem, wenn es nicht mehr nur ein paar wenige sind wie früher, sondern eine ganze Generation alt wird? Wenn Behinderte nicht kontinuierlich angemessene Förderung und Betreuung erfahren, wird es schwer. Eigentlich auch kein Unterschied zu gesunden Menschen, aber die tragen die Verantwortung selbst. Wir können ja Entscheidungen treffen. Heute haben wir dafür sogenannte Förder- und Betreuungs-

„Wie löst man dieses Problem, wenn es nicht mehr nur ein paar wenige sind wie früher, sondern eine ganze Generation alt wird?"

plätze. Wir konnten zu meiner Zeit noch flexibler reagieren, weil es fast nur Einzelfälle waren. Es gab oft keinen Grund, jemanden bei Erreichen der Altersgrenze beispielsweise von seinen Werkstattgängen auszuschließen. Heute ist das ein bisschen schwieriger und hat viel mit den den abgestuften Pflegesätzen und mit der gestiegenen Zahl zu betreuender Älterer zu tun. Aber im Grunde genommen ist es so: Viele haben natürlich mit ihrem Arbeitsplatz zugleich ihre Nische und ihre Routine verloren. Ihnen das wegzunehmen ist sicher nicht gut für sie. Andere gibt es, ich erlebe das immer wieder, die mir ganz stolz sagen, sie seien jetzt im Ruhestand und das sei wunderbar. So wie im richtigen Leben. Bei den geistig behinderten Menschen kann man jedenfalls nicht einfach sagen: Mit 65 legst du den Bleistift hin und gehst in Ruhestand.

Wir haben mit der Ausgliederung, mit selbstständig lebenden betreuten Wohngruppen außerhalb, begonnen. Junge Erwachsene, die selbstständig leben können, aber natürlich trotzdem der Unterstützung bedürfen, gehen seitdem ihrem Alltag außerhalb der Einrichtungen nach. Auch sie werden eines Tages alt. Was wird aus ihrer Selbstständigkeit? Vor allem dann, wenn sie – natürlich weiterhin von der Stiftung betreut und unterstützt – draußen relativ selbstständig agieren. Und da sah ich die Tendenz: Wenn sie sich nicht mehr selber versorgen können, dann geht das wie bei allen anderen auch, sie müssen in ein Altenpflegeheim. Aber unsere Behinderten sind bis ins Alter hinein gewöhnt, dass sie gefördert werden, dass sie motiviert werden, selbstständig zu sein, und das bricht dann auf einmal ab. Das heißt, ich sehe heute sehr stark die Gefahr, dass die positive Entwicklung zur Verselbstständigung bei Behinderten im Alter endet. Ich sehe die Gefahr, wenn sie ihre entsprechende Betreuung nicht bekommen, dass dann ein Prozess der Verwahrlosung einsetzt.

Wir waren zu meiner Zeit noch in der glücklichen Situation, dass wir sie alle noch im Anstaltsbereich hatten und wir uns verpflichtet haben, sie dann, wenn sie älter werden und nicht mehr weitgehend selbst für sich sorgen können, wieder zurück-

„Jedes Kind wird erwachsen und eines Tages alt. Daran habe ich schon früh gedacht."

G'schäft gibt's immer
*Für alle findet sich eine
Aufgabe in der Liebenau*

zuholen in unsere Einrichtung. Wer also außerhalb des Stiftungsgeländes selbstständig lebte, durfte jederzeit bei der Stiftung anklopfen und wurde wieder aufgenommen."

Angesichts dieser Situation und der zu erwartenden demografischen Entwicklung auch bei Menschen mit geistigen Behinderungen hat Norbert Huber in den 80er-Jahren gemeinsam mit den anderen Akteuren verstärkt die Öffentlichkeit gesucht und im Rahmen von Tagungen und Fachgesprächen versucht, das Thema in den Fokus zu rücken.

„Wir haben in der Stiftung die Dinge sehr pragmatisch angepackt und versucht, Bereiche für Ältere zu schaffen. Das war das eine. Die Reaktion der Politik war ausgesprochen verhalten. Auch wenn sie uns angehört haben wie etwa bei der Tagung ‚Altern als Chance und Herausforderung' der Landesregierung in Stuttgart, auf der ich 1990 sprechen durfte. Wir haben in den 80er-Jahren drei große Tagungen zusammen mit der Lebenshilfe veranstaltet, eine weitere wurde vom Verband Katholischer Einrichtungen für Lern- und Geistigbehinderte ausgerichtet. Das war um 1990. Die Tagungen waren hochkarätig besetzt, und wir haben sie immer – auch mit den anderen Themen – als Appelle an Politik und Öffentlichkeit verstanden. Ich habe den Eindruck, vieles ist leider versandet. Allerdings, das muss ich selbstkritisch hinzufügen, ist auch der enge Kontakt der konfessionellen Einrichtungen, der Lebenshilfe und der anthroposophischen Einrichtungen weitgehend abgebrochen, um hier mit einer Stimme mehr Unterstützung einzufordern. Mit den wachsenden Aufgaben und der damit einhergehenden hohen Arbeitsbelastung haben wir uns mehr und mehr voneinander entfernt. Dieser Prozess begann in den 90er-Jahren. Aber seitdem fehlt auch die gemeinsame Stimme, die abgestimmte Position zu drängenden Fragen der Behindertenhilfe bezieht. Wir kamen damals noch regelmäßig zusammen und haben uns dann entweder via Tagungen oder Veröffentlichungen öffentlich zu Wort gemeldet. Ab und zu gehe ich heute durch die Stiftung. Und dann staune

„Die Reaktion der Politik war verhalten. Auch wenn sie uns angehört hat."

ich schon, wenn ich dem einen oder anderen von früher begegne. Ich habe die jeweilige Person immer noch im Kopf als den jungen Mann oder die junge Frau von damals. Dabei sind die jetzt um die 70 Jahre alt …"

Norbert Huber, der mit seinem Kollegen Helmut Staiber immer eine zukunftsorientierte unternehmerische Strategie verfolgte, hat bereits in den 70er-Jahren nicht nur die Einrichtung von Wohngruppen für junge Menschen mit geistigen Behinderungen in der Liebenau forciert, sondern auch für die älteren und alten unter ihnen. Er nutzte in der Folge den Spielraum, den ihm die offene Satzung der Stiftung Liebenau gewährte, auch für den Aufbau einer Struktur für die Altenhilfe. Nach Monaten akribischer Vorarbeit legten Norbert Huber und Helmut Staiber dem Aufsichtsrat im Dezember 1988 einen Grundsatzbeschluss zum Einstieg in die Altenhilfe vor, der gleichzeitig auch den Beschluss zur Übernahme von Haus St. Antonius in Friedrichshafen enthielt und einstimmig Unterstützung fand. Das Haus St. Antonius gehörte den Franziskanerinnen von Sießen, die es nicht mehr betreiben konnten. Von seiner ursprünglichen Bestimmung als hauswirtschaftliches Internat mit Wohnungen für ledige Frauen hatte sich das Haus im Lauf der Jahre mehr und mehr zu einem Altenheim entwickelt und sollte von der Stiftung Liebenau übernommen werden. Vom Grundsatzbeschluss bis zur Umsetzung gingen jedoch noch zwei Jahre ins Land, während derer weitere Entwicklungen dieser Unternehmensstrategie zugutekommen sollten: Der Stiftung Liebenau wurden 1991 sieben weitere Häuser zugestiftet, die alle in der näheren Umgebung standen und in unterschiedlicher Form bereits als Heime für ältere Menschen vom Diözesan-Caritasverband unterhalten wurden. Jedoch mussten alle diese Häuser grundlegend saniert und erweitert, zum Teil sogar neu gebaut werden, um den gewachsenen Anforderungen an eine zeitgemäße Betreuung und Pflege gerecht zu werden. Auch dies eine Aufgabe, die Norbert Huber in qualifizierte Hände legen wollte. Für diese Aufgabe konnte er Manfred King gewinnen, der als gelernter Krankenpfleger einige Jahre in der St. Lukas-Klinik gearbeitet hatte, bevor er in Stuttgart das Altenpflegeheim

„Wir haben Ende der 70er-Jahre angefangen für die älteren Menschen zu planen."

St. Monika aufbaute. Er wurde der erste Bereichsleiter der künftigen St. Anna-Hilfe für ältere Menschen.

Heute, 25 Jahre später, unterhält die Altenhilfe der Stiftung Liebenau 27 generationenübergreifende Wohnanlagen mit 871 Wohnungen, 51 Pflegeheime mit 3000 Dauer- und Kurzzeitpflegeplätzen, vier Sozialstationen und mehrere Außenstellen zur ambulanten Pflege von über 1100 Menschen sowie 334 heimgebundene Wohnungen.

„Wir haben Rituale für die Begleitung in den Gruppen entwickelt, wenn jemand sterben musste."

9

RITUALE AM ENDE DES LEBENS
STERBEN, TRAUER UND ABSCHIED

Sterben, Tod und Trauer sind auch in der Liebenau alltägliche Lebensbegleiter. Dem Sterben, dem Tod und der Trauer gerecht zu werden, ist Norbert Huber ein Anliegen gewesen, den guten Umgang mit dieser existenziellen Lebenssituation hat er auch seinen Mitarbeiterinnen und Mitarbeitern zu vermitteln versucht, weil das Ende des Lebens auch für Menschen mit geistigen Behinderungen einen tiefen Einschnitt darstellt und der Begleitung bedarf. Zu der Zeit, als sich in Deutschland die Hospizbewegung zu etablieren begann und Norbert Huber sich auch für die Eröffnung eines Hospizes in Friedrichshafen einsetzte, arbeitete er 1990 auf der Basis von Erfahrungen der Mitarbeiterinnen und Mitarbeiter in der Liebenau allgemeingültige Hinweise[28] aus, die das Thema umfassend behandeln und 1991 erstmals veröffentlicht wurden:

„Die Aufgabe, geistig behinderte Menschen auf ihren Tod vorzubereiten, wurde in den Vollzeiteinrichtungen früher von den dort tätigen Ordensschwestern selbstverständlich und mit Verständnis geleistet. Heute wird die Aufgabe zunehmend von angestellten Mitarbeitern übernommen, die sich mit großem Ernst diesem schwierigen Dienst unterziehen. Die wachsende Zahl erwachsener und älterer geistig Behinderter, die in Heimen leben, und auch die vielen sehr schwer behinderten Kinder und Jugendlichen, die dort betreut werden, werden die Mitarbeiter in Einrichtungen für geistig Behinderte vermehrt vor die Anforderung stellen, Sterbebeistand zu leisten. Die Betreuer in den Wohnheimen müssen auf diese Aufgabe vorbereitet werden und dafür eine entsprechende Hilfe erhalten. Das Sterben geistig behinderter Menschen wird beeinflusst vom Ausmaß ihrer Behinderung. Auch die Formen und Möglichkeiten des Sterbebeistandes werden sich daran orientieren müssen."

Friedhof der Stiftung Liebenau Kreuzigungsgruppe von Berthold Müller-Oerlinghausen

„Wir haben mit der Zeit Rituale für die Begleitung in den Gruppen entwickelt, wenn jemand sterben musste. Vor allem wurde nach dem Tod mit der Gruppe, so gut es eben möglich war, die Situation bearbeitet. Ein Bewusstsein für den Tod herzustellen, ist ja leider auch gesamtgesellschaftlich nicht einfach. Bei geistig behinderten Menschen kann eine Gruppe sehr homogen reagieren, es kommt aber auch vor, dass Einzelne mehr Zuwendung benötigen und andere völlig natürlich damit umgehen. Hier wie in vielen anderen Lebensthemen unterscheiden sich die geistig behinderten Menschen von uns anderen kaum. Ich erinnere mich, es hat sogar welche gegeben, die von ihrem Taschengeld immer etwas auf die Seite gelegt haben für ihre eigene Beerdigung, weil sie dieses Thema für sich sehr bewusst angehen konnten. Wir haben uns auch darum bemüht, mit den Mitarbeitern eine Form von Erinnerungskultur zu etablieren, die ermöglicht, über den Verstorbenen zu sprechen, an ihn zu denken, und allen das Gefühl gibt, der oder die ist jetzt zwar nicht mehr da, aber eben auch nicht ganz weg.

Mir war, obwohl ich ja nie so ganz nah dran war an den einzelnen Bewohnern, sehr wichtig, den Gottesdienst und die Ansprache zum Abschied selber zu halten. Ich habe dabei immer versucht, keine theologischen Ausflüge zu machen, sondern das Leben dieses einen besonderen behinderten Menschen in die Mitte zu stellen, um zu zeigen, wie wertvoll er gewesen ist und was man in Erinnerung behalten soll. Die Familien wurden natürlich einbezogen, wenn sie es wollten. Wir hatten aber leider sehr viele geistig Behinderte, die keinerlei familiären Kontakt mehr hatten. Das waren besonders in meiner ersten Zeit auffällig viele. Später hat sich das sehr geändert. Es gab viel mehr Kontakte zu den Eltern, die in die Stiftung kamen, ihre Kinder besucht haben, sich engagiert haben und bei Veranstaltungen dabei waren.

„Ein Bewusstsein für den Tod herzustellen, ist ja leider nicht einfach."

Ab da wurden die Eltern rechtzeitig informiert. Sie konnten kommen, bleiben und ihr Kind auf seinem letzten Weg begleiten. Sie haben in der Nähe der Liebenau übernachtet und sind auch in die entsprechende Gruppe gekommen. In den meisten Fällen fand das Sterben allerdings in der St. Lukas-Klinik statt. Das hatte einen einfachen Grund: Die Gruppen und ihre Betreuer kamen je nach Zusammensetzung mit dem Sterbeprozess doch ziemlich an die Grenzen ihrer Möglichkeiten. Allein die Besetzung einer Nachtwache, die dann auch die Gruppe in dieser schweren Situation im Auge behalten musste, war personell kaum zu machen. Die Mitarbeiter – ich denke, das ist heute noch so – haben sich aber intensiv mit der Trauerarbeit in den Gruppen befasst.

„Eltern konnten kommen, bleiben und ihr Kind auf dem letzten Weg begleiten."

Viele Menschen mit Behinderungen werden auch in der Liebenau beerdigt. Die Stiftung hat einen eigenen Friedhof, ich halte ihn sogar für einen sehr schönen Friedhof. Da werde ich auch meine Ruhe finden. Dafür habe ich schon gesorgt. Dort gibt es einen Platz für die Direktoren mit einer schönen Kreuzigungsgruppe von Berthold Müller-Oerlinghausen[29]. Da liegt mein Onkel. Da liegen meine Vorvorgänger, da liegen die Ärzte. Wir finden dort also alle wieder zusammen. Mein Onkel hat diesen Friedhof noch ausgebaut in seiner jetzigen Gestaltung. Inzwischen haben wir ihn geöffnet für die Mitarbeiter und Leute aus der Umgebung. Der Abschied verlief immer auf die gleiche Weise: Wir haben einen Gottesdienst gehalten in der Kirche oder in der Schlosskapelle. Danach zogen wir auf den Friedhof. Dort ist ein kleines Leichenhaus, das ist wie eine Kapelle, hier hat man sich verabschiedet, und dann ging man zum Grab.

Es sind natürlich nicht alle bei uns beerdigt, besonders wenn Kinder sterben, werden sie meistens von ihren Eltern nach Hause geholt und dort bestattet. Diese Eltern schaffen damit einen Ort, der zeigt, ihr Kind gehört zu ihrem Leben, und ihre Liebe gehört dem Kind.

Erwachsene, ältere Menschen mit Behinderungn haben ja oft keine Eltern oder Verwandten mehr, die sich kümmern können. Je älter sie werden, desto mehr werden sie in der Liebenau ihre letzte Ruhe finden. Ich würde sagen, gut 70 Prozent unserer Menschen mit Behinderungen sind auf dem Friedhof der Liebenau beerdigt. Daher möchte ich gerne eine meiner Traueransprachen an den Schluss stellen. Gewissermaßen als Hommage an alle, mit denen ich in der Stiftung Liebenau gelebt und gearbeitet habe. Denn eines Tages werden wir uns alle wiedersehen."

„Trauueransprache für Gregor Hattler [30]

Gregor Hattler wurde 89 Jahre alt. Bald wäre er 90 geworden, aber auch 89 Jahre sind in unserer Zeit ein hohes Alter. Mit der Heiligen Schrift müsste man sagen: Er ist ‚satt an Leben' von uns geschieden. Aber noch eine andere Zahl lässt uns auf-

> „Je älter sie werden, desto mehr werden in der Liebenau ihre letzte Ruhe finden."

horchen: 74 Jahre seines Lebens hat dieser Mann in der Stiftung Liebenau verbracht. Als 15-jähriger Junge ist er hierher gebracht worden. Ist daraus ein sattes, erfülltes und zufriedenes Leben geworden?

Gregor Hattler starb am Nachmittag des 24. Dezember, kurz bevor wir in unsere Wohngruppen gegangen sind, um den Heiligen Abend zu feiern. An diesem Abend denken wir nicht nur an das Kind in der Krippe, sondern auch an die vielen Kinder, die mit Ungeduld auf diesen Abend warten und gespannt sind, ob ihre Wünsche in Erfüllung gehen. Sicher hat auch Gregor Hattler als Kind manchem Heiligen Abend entgegengefiebert. Ob seine kleinen Wünsche in Erfüllung gingen? Ob sich am Heiligen Abend 1994 die Wünsche und Hoffnungen seines Lebens erfüllt haben?

Ich habe einen Brief des Schultheißenamtes Göllsdorf, seines Heimatdorfes, an die ‚Fürsorge-Anstalt' Heiligenbronn gefunden, der uns etwas von seinen Kindertagen ahnen lässt. In diesem Brief schreibt der Bürgermeister im Jahr 1920, die Mutter des Buben sei taubstumm. Sie lebe schon viele Jahre in der Anstalt Heggbach. Gregor ist das Kind einer behinderten Mutter, sein Vater ist unbekannt. Der Junge ist bei seinem Großvater aufgewachsen. Nach dem tragischen Tod des Großvaters kümmerte sich der Bürgermeister um einen Heimplatz für Gregor. Doch die Suche gestaltete sich sehr schwierig, schließlich wandte sich der Schultheiß an den Stadtpfarrer von Rottweil-Altstadt. Der wiederum schrieb nach Liebenau und fragte um Aufnahme für den Knaben nach. Er sei ‚sehr brav, kann alle Hausarbeiten verrichten, auch zu leichter Feldarbeit angehalten werden', fügte der Pfarrer hinzu. Am Rande dieses Briefes steht mit Bleistift ein Vermerk: „Ja, Jos. Haus III', gezeichnet Dr. Eberle. So kam Gregor Hattler am 2. Dezember 1920 nach Liebenau.

Gregor Hattler hat eine schwere Kindheit gehabt. Im Grunde war er ein Waisenkind. Seine körperliche Behinderung und seine Schwerhörigkeit haben ihn in vielem beeinträchtigt. Sicher hat er manchmal die anderen Dorfkinder beneidet.

In seinem Schulzeugnis der Volksschule Göllsdorf bescheinigt ihm der Schulvorstand in Lesen, Schreiben (von der Tafel abschreiben) und Religion genügende, in Schönschreiben befriedigende und im Rechnen ungenügende Kenntnisse. Dafür erhält er aber in Fleiß und sittlichem Betragen ‚sehr gut'.

In der Stiftung Liebenau konnte der Junge in Rosenharz noch einmal die Schule besuchen. Danach arbeitete er in der Landwirtschaft. Dort war man mit seiner Arbeit gut zufrieden. Erst mit zunehmendem Alter machte sich sein Hüftleiden bemerkbar, deshalb wechselte er in die Werkstatt in Rosenharz. Im Jahr 1977 zog er in die Gruppe 22 im Josefshaus um. Dort hat er sich zunächst in der Hausarbeit nützlich gemacht. Später half er gerne in der Altenarbeit mit. Erst seine schwere Krankheit, an der er schon zwei Jahre litt, nötigte ihn, diese liebgewonnene Beschäftigung aufzugeben.

> „Georg Hattler hatte keine großen Wünsche, er war mit wenig zufrieden."

Gregor Hattler hatte keine großen Wünsche, er war mit wenig zufrieden. Trotz seines Leidens war er ein fröhlicher Mensch, immer zu einem Spaß aufgelegt. Mit vielen von uns war er gut befreundet. Er war höflich und zuvorkommend und immer gerne für ein Gespräch bereit. Gregor Hattler konnte einen ganzen Nachmittag damit verbringen, ein Buch zu lesen. Das war – trotz seiner nur genügenden Leistungen in Lesen – seine Lieblingsbeschäftigung.

Einen Wunsch hatte Gregor Hattler sicher. Er wollte gut und gesund sein. Doch für ihn war Gesundheit und Heil sicher nicht nur körperlicher Natur. Soweit ich weiß, hatte er einen festen Glauben, der ihn über dieses Leben hinauswies.

Heute, da wir in diesem Gottesdienst um Gregor Hattler trauern und ihn zur letzten Ruhe betten, ist der 5. Tag nach Weihnachten. Im Evangelium wird uns vom alten Simeon berichtet, der gerecht und fromm war und die Verheißung besaß, er werde den Tod nicht schauen, ehe er

> „Er war ein fröhlicher Mensch, immer zu einem Spaß aufgelegt."

nicht den Heiland gesehen habe. Als er das Jesuskind auf den Armen trug, dankte er Gott mit den Worten: ‚Nun lässt Du, Herr, Deinen Knecht, wie Du gesagt hast, in Frieden scheiden. Denn meine Augen haben das Heil gesehen.' Von Gregor Hattler dürfen wir sagen wie vom greisen Simeon: Er war gerecht und fromm. Und er konnte auch in der Stunde seines Todes dem Herrn danken und ihn bitten, ihn in Frieden scheiden zu lassen. Denn auch seine Augen haben das Heil gesehen. Das Leben des Gregor Hattler war weder satt noch reich, weder zufrieden noch erfüllt. In diesem Leben gab es viel Enttäuschung, Leid und Unheil. Dennoch durfte Gregor Hattler das Heil auch schon in dieser Zeit erfahren. Er konnte es schöpfen aus der Heiterkeit seines Herzens und der Genügsamkeit, die ihm geschenkt war. Aus den Freundschaften, die er mit vielen Menschen teilen durfte. Aus der Fürsorge und Pflege, die ihm

die Mitarbeiterinnen und Mitarbeiter angedeihen ließen. Dafür, dass Gregor Hattler in seiner Gruppe, in der Mitte seiner Freunde, sterben durfte, möchte ich besonders danken.
Jetzt schaut er das Heil und den Gott, der die Menschen so sehr liebt, dass er ihre Anmut, Gebrechlichkeit und Menschlichkeit teilt."

NORBERT HUBER
NACHWORT

*„Nicht du trägst die Wurzel,
sondern die Wurzel trägt dich"* (Röm 11,18).

Es sind zum Teil sehr persönliche und auch emotionale Erinnerungen, die ich im Gespräch mit der Autorin dieses Buches geäußert habe. Es ist keine Geschichte der Stiftung Liebenau in der Zeit von 1968 bis 1996, es sind eher Geschichten, Erlebnisse, Erfahrungen und Erkenntnisse, die mir in der Begegnung mit den Menschen dort zuteil wurden. Im Nachhinein möchte ich nun doch noch einige Gedanken äußern, die mir auf dem Hintergrund dieser Erinnerungen im Blick auf die Gegenwart bedenkenswert erscheinen.

In meiner aktiven Zeit als Direktor und Vorstand der Stiftung Liebenau, also von 1968 bis 1996, und bis heute habe ich drei Wellen von Initiativen zum Umgang der Gesellschaft mit Menschen mit einer Behinderung erlebt. Die erste nannte sich „Integration". Sie war angestoßen und getragen von dem Erschrecken der Gesellschaft darüber, in welchen Gettos Menschen mit Behinderungen oft leben mussten, und wohl auch von der Einsicht in die Unkenntnis der Öffentlichkeit, was Behinderungen für Menschen überhaupt bedeuten. Menschen mit Behinderungen sollten von der Öffentlichkeit zunächst einmal zur Kenntnis genommen und vor allem aus ihrer Isolierung herausgeholt werden, um sie je nach dem Ausmaß und der Art ihrer Behinderung wieder in die Gesellschaft einzuführen. Es war vor allem die Bundesvereinigung Lebenshilfe, die diese Bewegung getragen hat und sich bemühte, Kinder mit Behinderungen auch in den allgemeinen Schulen zu unterrichten und Menschen mit Behinderungen außerhalb der damals so genannten

Anstalten unterzubringen. Dabei musste man allerdings auch die Erfahrung machen, dass die Integration zu einer Ausgrenzung der Menschen mit besonders schweren Behinderungen führen konnte.

Die nächste Welle stand unter der Überschrift „Normalisierung". „Der Mensch mit einer geistigen Behinderung muss als Mitbürger mit uneingeschränkten Rechten auf ein normales Leben in der Gesellschaft angesehen werden", lautete die Kern-Botschaft des in Dänemark, Schweden und in Kanada entwickelten Normalisierungsprinzips. Der „deutsche Vater" des Normalisierungsgedankens war Walter Thimm. Er zeigte auf, wie das Recht auf ein Leben so normal wie möglich in die Praxis umgesetzt werden kann. Besonders aber legte er dar, dass die Verwirklichung des Normalisierungsprinzips nur durch die Änderung von Haltungen und Einstellungen aller als Lehrer, Betreuer oder Assistenten in der Förderung von Menschen mit geistiger Behinderung beruflich Engagierten und der Angehörigen selbst erreicht werden könne. Dieser Gedanke, dass nicht vor allem Methoden und Praktiken der Förderung, sondern die Einstellung und Haltung der Mitmenschen zu den Menschen mit Behinderungen ihnen ein „normales" Leben ermöglichen kann, wurde für mich sehr bedeutsam.

Die jüngste der Initiativen steht nun unter dem Begriff „Inklusion". Offiziell heißt es, Inklusion bedeute, wörtlich übersetzt, Zugehörigkeit, also das Gegenteil von Ausgrenzung. Vielleicht sogar genauer übersetzen könnte man diesen Begriff mit Einschluss oder Einschließen. Dieses Wort ist problematisch, weil mehrdeutig. Ich kann jemand einschließen und ihm dabei seine Bewegungsfreiheit nehmen. Ich kann aber auch einschließen im Sinne von einfügen oder hineinbringen in meine Welt, in meine Gesellschaft. Und so haben es die Erfinder des Begriffes wohl gemeint: Wenn jeder Mensch – mit oder ohne Behinderung – überall eingeschlossen sein kann, in der Schule, am Arbeitsplatz, im Wohnviertel, in der Freizeit, und wenn es dabei normal ist, verschieden zu sein, dann ist das gelungene Inklusion. Dieses Recht auf Inklusion ist ein Menschenrecht, das jetzt in der UN-Behindertenrechtskonvention festgeschrieben ist.

Diese drei Initiativen haben ohne Zweifel vieles in Bewegung gebracht und positive Veränderungen in unserer Gesellschaft bewirkt – und das in einem kontinuierlichen Verbesserungsprozess.

Ich denke dabei zum Beispiel an die Bauvorgaben, die wir 1970 für die Baumaßnahmen auf dem Hegenberg und zehn Jahre später für Rosenharz erhielten, und die heutigen, die zum völligen Umbau oder sogar Abbruch der damaligen Gebäude führen. Das Problem dieser Initiativen: Sie schlagen sich meist in äußeren, sicht- und greifbaren Aktivitäten oder in Vorschriften und Gesetzen nieder. Ob damit aber Einstellungen und vor allem Haltungen bei den Menschen verändert oder neu geschaffen werden können, ist fraglich.

Wir haben 1993 in Ergänzung zu unserem Leitwort „In unserer Mitte – Der Mensch" nach einer ausführlichen, breit angelegten Diskussion vier Grundsätze festgehalten, die allen in der Stiftung Liebenau zur Orientierung dienen sollten. Wir nannten sie: Christliche Aspekte – Wirtschaftliche Aspekte – Gesellschaftliche Aspekte – Individuelle Aspekte. Ich war mir damals gewiss, dass diese Grundsätze nicht für alle Zeiten gültig und unveränderlich sein können. Darum heißt es dort auch schon unter Wirtschaftlichen Aspekten: „Wir streben eine innovative und bedarfsgerechte Weiterentwicklung unserer Dienste und Einrichtungen an." Schon Ende 1995 haben wir die Grundsätze überarbeitet und neu formuliert. Und wir haben dann im selben Jahr im Blick auf die Lebensqualität der Hilfebedürftigen, die Zufriedenheit unserer Mitarbeiter, auf das gesellschaftliche Umfeld und unsere wirtschaftliche Sicherheit der Stiftung eine neue Struktur gegeben in der Gestalt einer Holding mit vier gemeinnützigen Gesellschaften.

Damit haben wir – so meine ich – die Stiftung nicht nur strukturell und wirtschaftlich für künftige Entwicklungen gerüstet, sondern vor allem auch eine bessere Berücksichtigung der individuellen Bedürfnisse und eine qualifiziertere Förderung der unterschiedlichen Hilfebedürftigen gewährleistet. Die Stiftung Liebenau wird sich auch künftig weiteren Entwicklungen und Veränderungen dieser und anderer Art nicht verschließen dürfen, sie sogar innovativ betreiben müssen.

Aber was bleibt? Was ist das Fundament, auf dem wir stehen, der rote Faden, der sich durch die Zeiten und Veränderungen hindurch zieht? Mit welcher Einstellung und in welcher Haltung begegnen sich Menschen, betreuende und betreute, in der Stiftung Liebenau? Was ist die Wurzel, die uns trägt, aus der wir leben? In den Grundsätzen steht unter Christlichen Aspekten (1993) oder

Christliches Leben (1995): „In einer Zeit, die durch einen raschen Wandel der Werte gekennzeichnet ist" – siehe oben die drei Wellen von Initiativen – „beziehen wir in unserem Reden und Handeln Standpunkte, die sich an christlichen Werten orientieren." Was aber sind diese christlichen Werte? Worin zeigt sich christliches Reden und vor allem Handeln?

Überlegen wir, was das für die Mitarbeiter und Mitarbeiterinnen einer laut Gründungssatzung „aus der freithätigen, christlichen Liebe" hervorgegangenen und einer „stets auf katholischer, kirchlicher Grundlage ruhenden" Stiftung bedeutet. Ich will es konkret machen.

Christen glauben, dass Gott sich dem Menschen zugewandt hat und dass es eine Geschichte Gottes mit dem Menschen gibt. Nachzulesen ist diese Geschichte des Gottes mit uns Menschen in der Geschichte des Volkes Israel, also im Alten und im Neuen Testament, wie wir diese heiligen Bücher heute nennen. Der Wert, dass Gott mit uns ist und das in Treue und Verlässlichkeit, verlangt von uns zunächst einmal, dass wir einander zugewandt leben und das eben auch in Verlässlichkeit und Treue. Zugewandt sein von Mensch zu Mensch, von Helfenden zu Hilfebedürftigen, von Führungskräften zu Mitarbeitern, von Therapeuten zu Patienten – Zuwendung bedeutet, den Anderen sehen, ihn wahrnehmen, ihn hören und verstehen und nicht zuletzt mit ihm empfinden. Das ist eine christliche Grundhaltung, eine Haltung und eine Einstellung, die bleiben muss, gerade wenn wir Inklusion aller wollen.

Dass Gott mit uns ist, führt in letzter Konsequenz dazu, dass Gott sich seiner Macht und Herrlichkeit entäußert und Mensch wird und das bis hinein in den Tod am Kreuz. Gott teilt mit uns unsere ganze menschliche Armut, unser Leid, unsere Krankheit und unseren Tod. Deshalb können wir dem Leid und der Not unserer Mitmenschen nicht distanziert und nur sachlich-fachlich gegenüberstehen. Unsere Anteilnahme ist damit gefordert.

Der Gott und Mensch Jesus von Nazaret müsste uns in seinem Reden und vor allem auch Handeln zum Beispiel und Vorbild werden. Er geht auf die Aussätzigen und Ausgegrenzten in seiner Gesellschaft zu und holt sie aus ihrer Isolation, ihrem ausgegrenzten Leben heraus und führt sie zurück in die Gemeinschaft der Ihren. Er betritt das Haus des Petrus und fasst dessen kranke Schwiegermutter an der Hand und richtet sie auf. Dem Gelähmten redet er zu, aufzustehen und seine Liege wegzutragen. Ist das nicht auch immer wieder Teil unserer Arbeit: Menschen aufrichten, sie gehen und tragen lehren und sie ermuntern, auf den eigenen Beinen wegzugehen. Das sollte bewusstes christliches Handeln sein und nicht nur alltägliche Routine.

Jesus stellt sich den Dämonen, den Unruhigen und Umhergetriebenen, den von ihren fixen Ideen Geplagten und Getriebenen. Mit Verständnis, Geduld und Festigkeit diesen Menschen zu begegnen und ihnen, wenn nötig, Halt zu vermitteln, was das bedeutet, wissen viele der Mitarbeiterinnen und Mitarbeiter in den Einrichtungen der Stiftung Liebenau. Ich halte das, ob bewusst oder unbewusst getan, für Zeichen einer „freithätigen, christlichen Liebe".

Oder so, wie Jesus an der Bahre eines toten Jungen in Naim neben seiner Mutter, einer Witwe, steht oder am Grab seines toten Freundes Lazarus erregt ist und weint, trauern nicht wenige um einen verstorbenen Menschen, der ihnen in der Stiftung anvertraut war, und suchen Trost für sich und die anderen in der Gruppe im Gedenken an den Verstorbenen und in der Hoffnung auf ein Leben nach dem Tode. Das Gedächtnis der Toten ist nicht nur christliches Brauchtum, sondern Zeugnis des Glaubens.

Was ich hier an Beispielen vorwiegend aus dem Alltag der Betreuung, Pflege, Therapie oder Erziehung deutlich zu machen versuchte, gilt in anderer Weise und wohl oft erst sekundär erkennbar auch für den wirtschaftlichen Bereich, für die Verwaltungs- und Servicebetriebe. Auch sie sind in ihrem Tun und Lassen auf das „Christliche" verwiesen und man wird es bei genauerem Hinsehen auch dort entdecken können.

Das Fundament, auf dem wir alle stehen, die Wurzel, aus der wir uns in der Stiftung wie auch in der ganzen abendländischen Gesellschaft letztlich nähren, ist das Christentum und das jüdisch-christliche Gesetz der Nächstenliebe, ob nun wissentlich oder unwissentlich. Das dürfen wir nicht vergessen und sollten es wieder mehr ins Bewusstsein heben. Damit der Mensch auch in Zukunft in der Mitte unseres Denkens, Redens und Handelns steht.

ANMERKUNGEN

1 Monika Taubitz: Dort geht Katharina oder Gesang im Feuerofen. Eine dokumentarische Erzählung, 2. Aufl., Sigmaringen 1987, S. 13f.

2 Auszüge aus: Franz Kaspar: Laudatio aus Anlass der Ehrenpromotion von Msgr. Dipl.-Psych. Norbert Huber am 24. Juni 2002, unveröff. Vortrag

3 Norbert Huber: Rehabilitation: Worauf es ankommt, Freiburg i. Brsg. 1992

4 Ebenda: S. 147

5 Norbert Huber, in: Verantwortung für Menschen mit geistiger Behinderung; Zeitzeugen des 20. Jahrhunderts berichten, Reutlingen 2007, S. 129f.

6 Norbert Huber: „Versorgung und Förderung schwer geistig Behinderter in Vollzeiteinrichtungen", S. 111ff.; Sonderdruck der Schriftenreihe Lebenshilfe, Band 3, Bericht der 9. Studientagung der Bundesvereinigung Lebenshilfe für geistig Behinderte e. V., 1979

7 Carla Gitschier: Zur Leitung zweier unterschiedlicher Wohnheime in der Stiftung – Schwerpunkte und Erfahrungen, in: Miteinander Leben teilen – Einander Leben mitteilen, Norbert Huber, dem Sechzigjährigen als Geburtstagsgeschenk von Mitarbeitern der Stiftung, Stiftung Liebenau, Einzelausgabe, 1986, S. 27

8 Norbert Huber: Die Ausbildung der Mitarbeiter aus Sicht eines Heimes für geistig Behinderte (1971), in: Norbert Huber: Rehabilitation: Worauf es ankommt, Freiburg 1992, S. 85ff.

9 Norbert Huber: Die Ausbildung der Mitarbeiter aus Sicht eines Heimes für geistig Behinderte (1971), in: Norbert Huber: Rehabilitation: Worauf es ankommt, Freiburg 1992, S. 85f

10 Ebenda: S. 82

11 Norbert Huber: Ausbildung, Fortbildung und Begleitung von Mtarbeitern, in: Ebenda: S.105ff

12 Ebenda: S. 109

13 Lebenswertes Leben – „Aktion Gnadentod" in der Stiftung Liebenau 50 Jahre danach, Hrsg. Stiftung Liebenau 1990, 3. Aufl. 1993

14 Ebenda: S. 3

15 Roland Peter Litzenburger (1917 – 1987) studierte in Stuttgart Kunsterziehung, war kurzzeitig Lehrer an einer Gewerbeschule und ab 1952 freischaffender Künstler, der sich und seine Familie zunächst mit Gebrauchsgrafik ernährte. Ab 1956, mit dem ersten Auftrag, ein Kirchenfenster zu gestalten, hat er sich als freischaffender Maler und Bildhauer bis zu seinem Tod intensiv mit biblischen Themen auseinandergesetzt. Anlässlich seines 90. Geburtstages erschien 2007 ein umfassender Band: „R.P. Litzenburger: Alles Leben ist Bild", Hrsg. Bernhard Osswald.

16 Unser Standpunkt Nr. 15: Hilfe für geistig Behinderte – Begründung und Empfehlungen –, Empfehlungen des Verbandes Katholischer Einrichtungen für Lern- und Geistigbehinderte, erschienen in der Reihe Denkschriften, Informationen, Gutachten des Deutschen Caritasverbandes, Freiburg 1980

17 Beihefte der Zeitschrift für Caritasarbeit und Caritaswissenschaft, Heft 2: Hilfe für Menschen mit geistiger Behinderung, Freiburg 1992

18 Ebenda: S. 5

19 Norbert Huber und Gregor Katz: Geschlechtserziehung bei geistig Behinderten. Überlegungen, Anregungen, Fragestellungen, Freiburg 1975

20 Ebenda: S.7

21 Sexualität und Partnerschaft geistig Behinderter. Eine Handreichung für die Mitgliedseinrichtungen, hrsg. vom Verband Katholischer Einrichtungen für Lern- und Geistigbehinderte, Freiburg 1982

22 Norbert Huber: Leitung und/oder Seelsorge in caritativen Einrichtungen, in: Einrichtungen für Menschen mit Behinderung Haus Hall. Ein Beitrag zur Kultur des Lebens, Freiburg 2001 (Manuskript, Ravensburg, 2000)

23 Friedrich Dieckmann, Heidrun Metzler: Alter erleben – Lebensqualität und Lebenserwartung von Menschen mit geistiger Behinderung im Alter; Bericht im Auftrag des Kommunalverbandes für Jugend und Soziales Baden-Württemberg, 2014

24 Norbert Huber: Perspektiven geistig behinderter Menschen im Alter nach den Erfahrungen in Vollzeiteinrichtungen; in: Caritas (91), Freiburg 1990, S. 223 – Der Beitrag stellt die überarbeitete Fassung eines Vortrags beim Kongress der Landesregierung Baden-Württemberg „Altern als Chance und Herausforderung" dar.

25 2.6. Exkurs: Geistig Behinderte im Alter, in: Unser Standpunkt Nr. 15 des Deutschen Caritasverbandes; Hilfe für geistig Behinderte – Begründung und Empfehlungen, Freiburg 1980, S. 23

26 Christine Beck: Wege für die Stiftung – Die Botin Fanny Rade, in: Norbert Huber (Hrsg.): Lebensgeschichten behinderter Menschen, Freiburg 1995, S. 20 – 23

27 Norbert Huber: Perspektiven geistig behinderter Menschen im Alter nach den Erfahrungen in Vollzeiteinrichtungen, in: Caritas (91), Freiburg 1990, S. 221 – 227

28 Norbert Huber: Begleitung geistig behinderter Menschen beim Sterben, in: Norbert Rapp, Werner Strubel (Hrsg.): Behinderte Menschen im Alter, Freiburg, 1991 S. 232 – 242

29 Berthold Müller wurde 1893 in Oerlinghausen bei Bielefeld geboren; er war Bildhauer und Ausstellungsmacher, der 1922 zum katholischen Glauben übertrat und sich von da an der religiösen Kunst widmete. Er lebte in Berlin und Kressbronn am Bodensee, wo er 1979 starb.

30 Norbert Huber: Traueransprache für Gregor Hattler, in: Norbert Huber (Hrsg.): Lebensgeschichten behinderter Menschen, Freiburg 1995, S. 92 – 94

LITERATUR

Beihefte der Zeitschrift für Caritasarbeit und Caritaswissenschaft, Heft 2: Hilfe für Menschen mit geistiger Behinderung, Freiburg 1992

Michael H. F. Brock: In unserer Mitte – Der Mensch. Ein Essay, Stiftung Liebenau, 2015

Berthold Broll/Helmut Staiber/Dieter Worrings (Hrsg.): In Freiheit Beziehungen gestalten – Erfahrungen, Standpunkte und Perspektiven aus der Stiftung Liebenau, Freiburg 1992

Friedrich Dieckmann, Heidrun Metzler: Alter erleben – Lebensqualität und Lebenserwartung von Menschen mit geistiger Behinderung im Alter; Bericht im Auftrag des Kommunalverbandes für Jugend und Soziales Baden-Württemberg, 2014

Euthanasie – 50 Jahre nach der Aktion „Gnadentod"; Tagungsdokumentation 14.–16. September 1990, Materialien 2/95

Martin Th. Hahn (Hrsg.): Verantwortung für Menschen mit geistiger Behinderung – Zeitzeugen des 20. Jahrhunderts berichten, Reutlingen, 2007

Lernort Fachschule – Lernort Praxis: 20 Jahre Institut für sozialpädagogische Berufe Ravensburg (Hrsg.), 1992

1972–1997 institut für soziale berufe ravensburg: soziale berufe, menschen begleiten-solidarisch handeln – zukunft gestalten, Ravensburg, 1997

Josef H. Friedel: Gegen das Vergessen – Die NS-Verbrechen der Euthanasie an Menschen der Stiftung Liebenau, Meckenbeuren, 2008

Norbert Huber und Gregor Katz: Geschlechtserziehung bei geistig Behinderten. Überlegungen, Anregungen, Fragestellungen, Freiburg 1975

Norbert Huber: Die Funktion der Anstalten für geistig Behinderte. In: Blätter der Wohlfahrtspflege; deutsche Zeitschrift für soziale Arbeit Nr. 178, Baden-Baden 1978

Norbert Huber: „Versorgung und Förderung schwer geistig Behinderter in Vollzeiteinrichtungen"; Sonderdruck der Schriftenreihe Lebenshilfe, Band 3, Bericht der 9. Studientagung der Bundesvereinigung Lebenshilfe für geistig Behinderte e. V., 1979

Norbert Huber, Hans Schoch (Hrsg.): Grenzsituationen menschlichen Lebens; Hilfen für behinderte Menschen – ethische Anfragen und Perspektiven, Freiburg 1986

Norbert Huber: Perspektiven geistig behinderter Menschen im Alter nach den Erfahrungen in Vollzeiteinrichtungen; in: Caritas (91), Freiburg 1990

Norbert Huber: Rehabilitation: Worauf es ankommt, Freiburg, 1992

Norbert Huber (Hrsg.): Lebensgeschichten behinderter Menschen, Freiburg 1995

Norbert Huber, in: Verantwortung für Menschen mit geistiger Behinderung; Zeitzeugen des 20. Jahrhunderts berichten, Reutlingen 2007

Franz Kaspar/Niko Roth (Hrsg.): Lebensträume – Lebensräume; Behindertenhilfe zwischen Gestalten und Verwalten, Freiburg 1995

Lebenswertes Leben – „Aktion Gnadentod" in der Stiftung Liebenau 50 Jahre danach, Hrsg. Stiftung Liebenau 1990, 3. Aufl. 1993

Rainer Öhlschläger/Hans-Martin Brüll (Hrsg.): Unternehmen Barmherzigkeit; Identität und Wandel sozialer Dienstleistung; Rahmenbedingungen – Perspektiven- Praxisbeispiele, Baden-Baden 1996

Norbert Rapp, Werner Strubel (Hrsg.): Behinderte Menschen im Alter, Freiburg 1991

Sexualität und Partnerschaft geistig Behinderter. Eine Handreichung für die Mitgliedseinrichtungen, hrsg. vom Verband Katholischer Einrichtungen für Lern- und Geistigbehinderte, Freiburg 1982

Monika Taubitz: Dort geht Katharina oder Gesang im Feuerofen. Eine dokumentarische Erzählung, 2. Aufl., Sigmaringen 1984

Unser Standpunkt Nr. 15: Hilfe für geistig Behinderte – Begründung und Empfehlungen –, Empfehlungen des Verbandes Katholischer Einrichtungen für Lern- und Geistigbehinderte, erschienen in der Reihe Denkschriften, Informationen, Gutachten des Deutschen Caritasverbandes, Freiburg 1980

Joachim West (Hrsg.): Sexualität und geistige Behinderung, Schriftenreihe der Gesellschaft für Sexualerziehung und Sexualmedizin Baden-Württemberg e.V. Band 1, 4. Erweiterte Aufl., Heidelberg 1996

BILDNACHWEISE

Reproduktionen Seite 12, 15, 16, 18, 54, 66, 83, 112 Heike Schiller
Fotos Seite 26, 29, 135, 136 Heike Schiller
Fotos Seite 128, 130 Helga Raible
Alle anderen Archiv Stiftung Liebenau

IMPRESSUM
Bibliografische Information der Deutschen Nationalbibliothek

Die Deutsche Nationalbibliothek verzeichnet diese Publikation in der Deutschen Nationalbibliografie; detaillierte bibliografische Daten sind im Internet über http://dnb.d-nb.de abrufbar.

Alle Rechte vorbehalten
© 2016, Lambertus-Verlag, Freiburg im Breisgau
www.lambertus.de
Bildredaktion: Heike Schiller, Christin Redlin, Helga Raible
Buchgestaltung: kochschillerstarkl, Sabine Koch
Druck: Medienhaus Plump GmbH, Rheinbreitbach
ISBN: 978-3-7841-2902-0
ISBN ebook: 978-3-7841-2903-7